U0938509

殿堂圖錄

嗇色園 編著

中華書局

嗇色園簡介

嗇色園黃大仙祠創立於 1921 年，根植香港已逾百年光景。回顧歷史，嗇色園道脈源起於廣東西樵山普慶壇。1915 年，梁仁庵等道長從西樵山普慶壇攜黃大仙師畫像南下香港設壇闡教，後獲黃大仙師乩示於九龍竹園村興建黃大仙祠。

嗇色園本着黃大仙師「普濟勸善」的寶訓，百年來在香港社區積極發展各項慈善事業，包括「贈醫施藥」、「興學育才」、「安老護耆」等，近年更因應社會需求，籌建過渡性房屋「可悅居」及「可營言語及吞嚥治療中心」，為市民提供切實支援。

嗇色園又緊隨時代的步伐，並本着「自然」、「無為」的道教精神，於祠內廣植樹木，同時提倡「環保上香」，又有「電子籤文打印」等服務。此外，為照顧行動不便的善信，更不斷完善祠內設施，體現無障礙參拜的理念。

2014 年，「黃大仙信俗」榮獲國家級非物質文化遺產代表性項目名錄。為此，嗇色園建立「黃大仙信俗文化館」，以「融和現代科技　弘揚傳統文化」為宗旨，透過多媒體互動裝置展示信仰文化，寓教於樂、雅俗共賞；又於 2022 年設立「嗇色園文藝苑」，開辦各類傳統文化及藝術課程，致力推廣中華優秀文化。

至於宗教科儀方面：由嗇色園黃大仙祠監院李耀輝（義覺）道長編製之科儀經本與儀範，計有十多種，舉如：「啟蒙開筆禮」、「黃大仙師上契結緣儀式」、「七夕結良緣祈福科儀」、「大獻供」及「禮斗延生科儀」等等。過去，李監院於本港多個大球場及紅磡體育館（2015 年）等，啟建大型道教祈福道場，為國家及全港市民祈福迎祥；又多次帶領弟子，到國內或海外道堂演法啟建科儀，展現嗇色園科儀儀範。

2025 年 3 月，中國文化及旅遊部公佈：嗇色園黃大仙祠監院李耀輝（義覺）道長為「第六批國家級非物質文化遺產代表性傳承人」，以此肯定李監院為「香港黃大仙信俗」文化所作出的貢獻。

展望未來，嗇色園將一如既往，繼續弘揚黃大仙師「普濟勸善」的精神，發展多元社會善業，宣道弘法，把黃大仙信仰文化推向世界。

1925 年黃大仙祠廟貌，嗇色園至今已與香港共渡百載光陰。

序言

嗇色園黃大仙祠自 1921 年創壇至今，已屆 104 年了。談起本園之建築及殿堂之修繕等，確實與本人息息相關，使我記憶猶新。現借此篇「序言」之地，也來談談本園近二十多年的一瓦一木一殿堂……

約 2007 年，本園正在籌劃慶祝 90 周年紀慶活動，期間，本人提出了「擴建大殿及興建太歲元辰殿」的想法。往後本人積極參與每場有關建築的會議，提供了很多實用意見，還記得眾道兄董事們，給了我一個「總設計師」的稱號。對於黃大仙祠的建設，本人亦得　黃大仙師的感應指引，因而更用心、用力探究海內外的道教宮觀建築，以營造今天的嗇色園黃大仙祠。當然，在建設及修葺大仙祠的各殿堂時，也應用了本人一些對風水堪輿學的修養、道教美學、藝術方面的知識等，並且在指示建築團隊時，強調在傳統建築思想之內，糅合更多現代化的材料與科技及文化保育與綠色環保等理念。

我們知道，道教建築源起於我國的古代宮殿建築。從早年天師道的「靖室」、「治」開始不斷發展，加上道教崇尚自然的審美意識，發展了「十大洞天」、「三十六小洞天」及「七十二福地」等概念，營建了大大小小、宏大壯觀、美輪美奐的宮觀廟宇。其實，這些宮觀建築都蘊藏着道教很多隱逸、修煉等文化，博大而幽深。正正由於道教建築富有這些特別而「美」的內涵，驅使本人更深入探究，將之引進嗇色園殿堂。道經內有說「大小寬窄，壯麗質樸，各任力所營」（《洞元靈寶三洞奉道科戒營始》），本人看到無論是「全真的三大祖庭」、青城山、茅山、龍虎山，或是有「古建築博物館」（梁思成讚譽）之稱的梓潼大廟，或上海城隍廟等，都能因應當時之建築材料、人力、物力及財力等限制，因地制宜，建造出一座座的殿堂，本園也採用了這種方法。

如上文所談，本人由於受道教的視覺藝術文化吸引，在園內有限的空間中營建了「太歲元辰殿」、「靈官殿」、「藥王殿」、「福德殿」、「碧霞殿」、「悟道堂」、「財神宮」、「黃大仙信俗文化館」及「月老殿」等。這些建築物的落成，皆是「在有限的空間內，去創建更多殿堂」。因此，嗇色園的建築先有早年以「竹籤為記」訂立大殿位置，後又有乩示的「五行建築」，後期則由本人透過與仙師的感應創設，這也是嗇色園殿堂裏的結構、規制及佈局由來。

至於本園殿堂內的裝飾，本人亦滲進很多道教藝術元素於其中，舉如，造像、書法、符圖、繪畫、雕刻等。如太歲元辰殿的太歲神像，以立體站像，加上手訣、法器，栩栩如生，使有形的神像，成為載有「道體」的神聖顯現。而「六十元辰」壁畫，以原材料（寶石）來組成，相信此技術也是難得一求。再如大殿內的「三教木刻壁畫」，中間的三清神像下有三教的「一團和氣」圖。此外，大殿內的「竹木燈籠」也請來大師修復；大殿對出的牌樓，為石灣燒製的八仙陶瓷神像。本人於殿堂的裝潢時，又特地運用現代的「玻璃」材料，這打破了傳統殿堂陰暗、光線不足的格局，如三聖堂、財神宮等，引光入殿，通達神意。而以「科技」交融的「上表儀式」（以煙霧象徵「心意上達」天庭，紅光照面，善信鴻運當頭，使心靈得以慰藉），在「黃大仙信俗文化館」更是表露無遺了。

眼前這本圖錄講述了本園殿堂的建設緣起、歷史、殿內、殿外的裝潢、安放神像的位置、材料，並介紹了神像的手訣、法器等意涵。本人認為此本圖錄不是一般的殿堂介紹，而是一本圖文並茂的道教建築文化書籍，感謝本園文化委員會的同道們及職員等的努力及付出，祝福為此書用心、用力的每一位，願大家道德齊增，福壽無量！是為序。

李耀輝（義覺）

乙巳年初夏於悟道堂監院辦公室

殿堂繪圖總覽 · 目錄

赤松黃仙祠（大殿）

建築年份：1921 年
面積：約 475 平方米

01

赤松黃仙祠，又稱為「大殿」，
乃 1921 年黃大仙祠成立之初，首先建成的殿堂。
最初因租地條例所限，大殿只以竹木、鋅鐵建成。
如今的大殿規模乃定於 1973 年第一次大型重建，
內外裝潢則定於 2010 年。

赤松黃仙祠（大殿）是黃大仙祠成立之初，首先建成的殿堂。

大殿設計古色古香，屋頂蓋以琉璃黃瓦，屬「歇山重簷」樣式，四簷懸掛簷鈴，正脊兩端設「脊吻獸」。傳統上，脊吻獸為「螭吻」，其形象為龍頭魚尾，因其屬性為「水」，寓意消滅火魔。然而，黃大仙祠大殿的脊吻獸並未完全沿用傳統螭吻形象，反而塑造成似龍又似獅的獨特造型，更帶有三條捲雲尾，別具一格。此外，正脊更飾有鳳凰、祥雲，莊嚴華貴，而脊剎（正脊中央）則設計為葫蘆樣式，寓意黃大仙師以仙方濟世的慈悲。

大殿戧脊共有蹲獸七尊，分別為最前方的騎鳳仙人，接着依次為：龍、鳳、狻猊、狎魚、獬豸、鬥牛。事實上，戧脊上蹲獸的數量反映了建築的等級，建築等級愈高，蹲獸數量愈多。故此，我國故宮以太和殿蹲獸最多，共十尊。

赤松黃仙祠（大殿）面闊七間，進深五間，為全祠面積最大的殿堂；殿貌黃瓦飛簷、青綠斗拱、朱紅牆柱、簷廊環繞，神聖莊嚴。2010 年，古物諮詢委員會正式將赤松黃仙祠（大殿）列入為一級歷史建築，顯示大殿具有重要歷史價值，須盡一切努力予以保存。

內部佈置

大殿正中央為「赤松黃大仙師」寶座，位置乃是 1921 年建祠之初由先道插竹標記，再經黃大仙師指示調整所定，至今百年不變。而黃大仙祠所奉之大仙寶像則是先道梁仁菴道長於 1915 年從廣東普慶壇攜來香港，本為硃砂拓印，後於 2010 年改為瓷片金漆。瓷畫由景德鎮製作，展示中國傳統陶瓷工藝。

黃大仙師寶座以朱紅為主色，通體暗花雕刻，襯配金色浮雕，整體設計如同小殿堂，莊嚴肅穆。寶座共有三層結構，層層遞進，以首層最高，二層次之。三層結構的頂部均呈下弦月形狀，類似建築中的「翹角脊」，下方「脊堵」更飾以千變萬化的祥雲浮雕，顯示匠人的精湛工藝；首層「脊」頂棲有神鳳，二層兩側駐有金獅，首層及三層亦飾以龍首瑞獸，尊貴而神聖；黃大仙師神龕前方，豎立金龍柱一雙，鎮守神壇；寶座背部則鐫刻「黃大仙師成道圖」金色浮雕，並刻有《赤松黃大仙師自序》乩文，詳述黃大仙師成道故事。

上　大殿正中央為「赤松黃大仙師」寶座，供奉的仙師畫像本為硃砂拓印，現為瓷片金漆。

下　寶座背部鐫刻「黃大仙師成道圖」金色浮雕，並刻有《赤松黃大仙師自序》乩文。

大殿後方掛有三教木刻壁畫，道教壁畫（中）下方，刻有三教「一團和氣圖」。

黃大仙師寶座左側為齊天大聖壇，大仙以齊天大聖為護法神，鎮壇蕩魔。

大殿戧脊蹲獸

黃大仙師寶座前懸鎮壇法劍，劍鋒指向南面鯉魚門海口。法劍由劍首到劍鞘末約長 1.3 米，劍柄及劍鞘均由銅鑄造。劍鞘一面銘刻有「民國甲子年正月吉日」(1924) 和「斬驅魑魅，滌蕩邪魔」的字樣。其中，「斬驅魑魅」意指斬除並驅逐山林間的妖魅精靈；而「滌蕩邪魔」則是指洗滌並除去妖邪魔障。

寶座上方設「蟠龍藻井」，藻井一般由多層斗拱組成，由下而上不斷收縮，形成下大頂小的倒置斗形，四壁有藻飾花紋。黃大仙師寶座上方的藻井刻畫多條神龍，故稱「蟠龍藻井」。

而大殿後方則掛有「道、釋、儒」三教楠木壁畫，居中為道教的「三清天尊圖」，左邊是佛教的「釋迦牟尼佛說法圖」，右邊則是儒家的「孔聖先師六藝圖」，充分體現本園道、釋、儒三教同尊的信仰核心。

相傳，大殿正樑藏有躉符，以安土鎮煞。

黃大仙師寶座俯瞰角度。

黃大仙師寶座前的鎮壇法劍。

大殿外廊的鐘鼓，鐘鼓齊鳴，以敬告仙聖。

殿內懸掛三教經典浮雕，彰顯道、釋、儒三教合一的精神。

殿堂檔案

1921 先道梁仁菴道長及馮萼聯道長在黃大仙師的乩示下，覓得現址建祠。大仙曾乩曰：「此乃鳳翼之吉地，最合開壇闡教。」大殿最初以木竹建成，命名為「赤松仙館」。

1925 蒙呂祖仙師臨壇，將「赤松仙館」易名為「赤松黃仙祠」（今名），並降下乩筆親書大殿牌匾。

1933 大仙批示《壇規十七條》，提到：「……大殿應當潔淨。每月逢朔望及神誕期，園內不得殺生飲酒。……」

1936 大殿改以鋅鐵蓋搭，一切費用全由道侶支付，外界捐助一律婉拒。

1962 颱風溫黛襲港，大殿東面後牆塌下，嗇色園隨即開展緊急復修工程。

1966 大殿年湮代遠，久經風雨浸蝕，遇雨常有滲水情況。

1968 嗇色園計劃開展「全園大規模重建」，並以「大殿」為首期重建項目。

1970 黃大仙師寶誕過後，大殿重建於 9 月 28 日（農曆八月二十九日）正式動工。眾道長以鐘鼓稟告仙聖，並將「赤松黃仙祠」門額及殿堂楹聯卸下，同時又在祠內建造臨時副殿，以利善信參神。

1971 「赤松黃大仙師」寶座完成設計，匠心獨運，凸顯中國傳統雕刻藝術。寶座於翌年（1972）完成製作。

1973 9 月 28 日（農曆九月初三日），大殿落成，邀得時任香港總督麥理浩爵士主持開幕典禮。他在致辭中提及：「黃大仙新祠的落成，證明中國傳統建築的美仍得以保存，更有發揚光大之勢。……大家都知道，黃大仙祠是本區的名勝，既然本區亦以『黃大仙』命名，則其重要性由此可見。」

1993 大殿金飾重新鋪貼金箔，以彰顯其神聖與莊嚴。

1997 6 月 30 日晚上，大殿鳴鐘一百零八響，慶祝香港回歸祖國。

2007 因黃大仙祠弟子日眾、參神人流漸多，殿堂及參神空間不敷使用，嗇色園啟動大殿及第一參神平台擴建工程。

2008 黃大仙師聖駕於 4 月 5 日移鑾至鳳鳴樓禮堂，隨即展開大殿擴建工程，包括重建天花結構、修補瓦頂等，同時重新設計殿內文化裝飾。

2010 大殿擴建工程於黃大仙師寶誕前夕竣工，並於殿前設置銅獅與龜鶴一對，莊嚴而祥和。

同年 5 月 17 日獲香港古物古蹟辦事處評為一級歷史建築，殿貌至今（2025）未變。

2021 在大殿及祠內多個殿堂加裝燈飾，並於同年定農曆每月初一及十五夜間開放，為公眾呈現大仙祠的獨特夜景。

同年，大殿銅鐘出現裂紋，由眾道長集資購置新銅鐘。而原有銅鐘乃製於 1926 年，具深厚歷史價值，故現作為重要文物，被妥善保存。

麟閣

建築年份：1921 年
面積：60 平方米

2

黃大仙祠以「三教同尊」為信仰基礎，故在大仙祠創立的同年，
先道已建立麟閣，奉祀「大成至聖孔聖先師」。
其中，「麟閣」的命名取自典故「麟吐玉書」，
相傳孔子降生當晚，仁獸麒麟吐玉書於孔家，
上言：「水精之子，繼衰周而素王，徵在賢明。」
指孔子日後雖非帝王，卻擁有帝王品德，
故稱「素王」。

上　孔道門建於 1941 年，為麟閣前特設的外門及通道，以此顯示麟閣地位尊崇。

下　孔道門前的石獅子乃於 2010 年安裝，由嗇色園弟子捐設，氣勢昂然。

麟閣，為八角形亭閣建築，屋頂蓋以琉璃黃瓦，共八條垂脊，屬「八角攢尖頂」。垂脊蹲獸共有五尊。在整體設計上，麟閣除正面殿門外，餘下七面均為檻窗，窗框漆以朱紅，配以金色面葉，坐落於黃磚檻牆上。而殿門門窗的格心款式與檻窗相同，僅在用色上選取木褐色，使整體設計和諧而不失沉穩大方。門額兩旁懸有宮燈，細絮流蘇隨風飄揚，古樸典雅。

麟閣坐落於八角形基石上，殿閣因此被抬高，增添氣勢，同時又借此表達對孔聖先師的敬崇。四周環繞迴廊及麒麟柱頭欄河，構築精美。正門設有矮閘，上書「儒門聖殿　非請勿進」，以免閒人入內，驚擾仙聖。

內部佈置

麟閣，奉祀大成至聖孔聖先師、四配十二哲及先賢先儒。殿內懸有牌匾「立人之極」，原匾乃於 1935 年由太史公溫肅所書，以感謝先道阮躍池道長斥資修繕麟閣。如今殿內所懸牌匾乃 1984 年重造，惜重造時只保留題字，抹去了溫肅題款。

天花飾以八角形彩繪圖案，圖案共分三個層次：外圍繪上仙鶴，乃明清時期一品文官朝服「補子」的瑞獸，寓意高潔吉祥；中層為蝠紋，寓意福來天降，

麟閣內部佈置。

吉祥美好；內層（即中央位置）則是彩繪浮雕盤龍，借鑑了傳統藻井的設計概念，將盤龍置於神壇上方，顯示孔聖先師「萬世師表」的不朽地位。

牆上鑲有六藝瓷畫——禮、樂、射、御、書、數，乃君子必備的六種能力。殿門上則懸有「麟吐玉書」石雕畫，以此突出「麟閣」命名之由來。

此外，殿內放有近 3 米高的巨型毛筆，乃「萬世師表孔聖先師：啟蒙開筆禮」的佈壇法器，上書「尊道貴德　啟蒙養正」。每年開筆禮，嗇色園黃大仙祠監院李耀輝（義覺）道長均會在麟閣內，為學子們以硃砂點於眉心間，象徵破蒙啟智。

六藝瓷畫

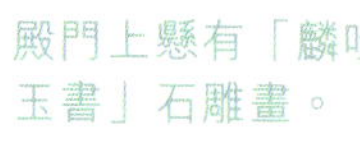

殿門上懸有「麟吐玉書」石雕畫。

殿堂檔案

1921 「麟閣」建成，為香港最早期奉祀孔聖的場所之一。

1927 農曆九月孔聖先師寶誕，移居香港的清進士及嗇色園道長等數十人，齊聚麟閣，誦讀儒家經典。

1933 嗇色園設《壇規十七條》，指「鸞臺、大殿、麟閣等處，應當潔淨」，説明麟閣的重要性與大殿、飛鸞臺不分軒輊。

1935 嗇色園先道阮躍池道長捐資重修麟閣。

1941 麟閣前的涼亭日久失修，眾道長集資重建，蒙黃大仙師賜名「孔道門」。

1962 颱風溫黛襲港，麟閣西面後牆被吹得傾側，嗇色園安排緊急維修。

1972 黃大仙師寶誕晚宴期間，嗇色園時任主席黃允畋道長報告「全園大規模重建」進度，謂「麟閣」將於第三期重建，預期三年內完成。

1975 考慮更改麟閣設計，將八角亭閣改為四方殿堂，不再設置迴廊，以增加殿內面積。相關建議最終被否決，麟閣得以保留獨特殿貌。

1976 確定麟閣殿貌的基本設計，包括琉璃黃瓦、黃磚檻牆等。

1980 8 月 17 日，麟閣重建工程啟動，嗇色園邀得佛教高僧寶燈法師為孔聖先師遷鑾灑淨。

1982 9 月 9 日，麟閣落成揭幕，得各界名流及社團領袖到賀。

2001 為保持殿宇清靜，以免驚擾仙聖，除黃大仙祠道長外，其餘人等如須進入麟閣，必須預先申請。

2007 麟閣啟動內部修繕工程，粉飾天花，並加設六藝主題瓷畫。

2010 為迎接園慶 90 周年（2011），殿堂外觀進行翻新。12 月 18 日，孔道門兩側安裝麻石白獅子。

2018 首辦「萬世師表孔聖先師：啟蒙開筆禮」，乃少兒識字習禮的啟蒙科儀，期望學童明白做人道理，修身立德。同年因超級颱風襲港，孔道門前的菩提樹被吹毀，故新種羅漢松一雙，美化園景。

2020 為迎接園慶 100 周年（2021），麟閣及孔道門再次進行內部修繕，為天花飾以彩繪及神龍浮雕。

五行建築：飛鸞臺（金形）

建築年份：1924 年
面積：22.3 平方米

「謂欲本園永垂久遠，建築須配合五行，謂之五形……方能鞏固。」

——黃大仙師 1937 年乩示

3

「鸞鳥」，是中國傳說中的神鳥，負責傳達神明訊息。

故此，飛鸞臺最初是黃大仙祠仙聖降乩的場所。

扶乩過程中，「乩手」通過與仙聖的感應，

透過文字或圖像來傳達仙聖的指示。

因此，「飛鸞」一詞，又寓意着飛動的鸞筆。

飛鸞臺最初是黃大仙祠仙聖降乩的場所，
現已成為黃大仙師靜室及仙佛聚會之地。

1975 年，黃大仙祠最後一位乩手羽化，嗇色園董事會決議停止扶乩，而飛鸞臺也隨之變為黃大仙師靜室及仙佛聚會之地。在鸞臺規條中，便明令禁止喧嘩，以免驚擾列聖。如今，飛鸞臺僅容許嗇色園道長內進，入殿前亦必須穿着道鞋或脱去鞋子，以示尊重。

飛鸞臺外形呈六角形，屬於五行建築中的「金」形，為全港首座銅製建築。當時，金屬建築極為罕見，故嗇色園在建造方法和材料運輸上均面對挑戰。最終，飛鸞臺銅亭於 1989 年竣工，外觀莊嚴古樸，每一塊銅片均有浮雕刻花，極盡精緻，成為黃大仙祠標誌性建築之一。

門額「飛鸞臺」三字，筆勢清雋超俗、行雲流水，乃 1924 年由李青蓮大仙（即詩仙李白）降乩所成，為鸞臺增添一份豪放瀟灑的氣韻。門額原為木製橫匾，傳説在 1942 年香港淪陷期間，日軍進入黃大仙祠後，途經飛鸞臺，見門額筆鋒遒勁不凡，遂生奪取之意。留守仙祠的道長婉言拒絕，但日軍仍執意攀梯搶奪，卻在取下門額之際，失足跌倒。此事震懾了日軍心神，他們最終向黃大仙師聖像鞠躬，悻然離去。而現今所示之直身銅製門額，乃 1984 年重製，與整座銅亭建築相得益彰，氣勢昂然。

殿外有對聯，曰「存險心勿到此地；修善果可登斯門」，此聯乃 1924 年由黃大仙師乩筆所撰，字字鏗鏘，寓意深遠，正是對弟子的重要訓戒——當以純正之心修行，方可求得善果。

內部佈置

飛鸞臺奉祀「黃大仙師」，神龕以金為主色，通花與雕工設計細膩繁複，極具藝術價值。

神龕前方設供枱，刻有黃大仙師寶訓「普濟勸善」，寓意救助眾生、導人向善；主圖案飾以「三獅戲繡球」浮雕，象徵厄運消散，好運降臨；而兩側則有仙鶴飛舞的圖案，吉祥如意。

神壇上方飾有六角形滲光構件，除呼應飛鸞臺六角外形，又以現代設計呈現出傳統藻井的氣勢，兼具美感與文化意義。構件共分三層，層層相疊，整體呈現倒六角錐體造型，每層又以滲光設計，增添空間立體感。最外層刻有傳統紋飾；第二層有神鳳圖案；最內層（中央）則是立體盤龍浮雕，雕工細膩，栩栩如生。殿堂上方懸掛《黃大仙寶經》手抄書法，提醒弟子時刻銘記黃大仙師寶訓「孝、悌、忠、仁、義、廉、恥、禮、節、信」。

上 飛鸞臺外設有四大金剛護法神壇，牌匾以金漆題書「心」字，兩側楹聯為「問心無愧；鍊性化空」。

下 飛鸞臺內部佈置。

為了保持空氣流通，因此殿堂內設有四扇直徑逾一米的八角形彩玻璃窗。窗的中央繪有蓮花紋飾，極具宗教意義。其設計精妙，不僅外形美觀，還兼具實用功能，窗扇可分為五部分完全開啟，有效加強殿堂通風。其中，蓮花紋飾窗面能夠單獨旋轉翻開，體現了實用與美觀的結合。

殿堂檔案

1924 飛鸞臺建成，並掛有楹聯「存險心勿到此地；修善果可登斯門」。

1936 飛鸞臺重建，紅牆綠瓦，美輪美奐。

1942 香港淪陷，日軍進入黃大仙祠，行經鸞臺時，欲取「飛鸞臺」橫額，卻在強取之際，失足跌下，只得向黃大仙師鞠躬，罷手而去。

1981 嗇色園計劃重修飛鸞臺，外牆鑲嵌黃色門面磚，頂部鋪設琉璃黃瓦；又選用古銅色鋁窗和茶色玻璃。

1982 殿外石欄柱頭設計為「三羊啟泰」樣式，以呼應黃大仙師「叱石成羊」的典故。

1983 推翻 1981 年設計，計劃將飛鸞臺打造為全港首座「銅亭」，以呼應其在五行建築中「金形」的屬性。

1984 基於建築技術的限制，飛鸞臺牆身銅片只有部分為銅鑄，其餘則以衝壓式製作；工程招標刊登於《星島日報》、《華僑日報》、《東方日報》及《新晚報》。

1985 銅亭部分建築材料將採用環氧樹脂鍍銅，以減輕重量，但外牆亦採用純銅。

1987 是年黃大仙師寶誕晚宴，嗇色園董事會報告全園工程進度，稱：「銅亭因工程技術阻延，今已告克服。」

1988 是年黃大仙師寶誕晚宴，嗇色園董事會報告全園工程進度，稱：「全港獨有之銅亭工程已告完成。」

1989 1 月 30 日，恭請黃大仙師陞座。飛鸞臺正式落成。

2021 飛鸞臺翻新外牆，除去綠鏽，整座宮殿煥然一新，流光溢彩。

五行建築：經堂（木形）

建築年份：1924 年
面積：221 平方米

4

經堂，又名總辦事處，為二層建築，
外觀設計以傳統中式建築為基礎，屋頂鋪設綠色琉璃瓦，
並以歇山捲棚頂為樣式，整體沒有明顯的正脊。
外牆飾以黃色門面磚，柔和典雅。
簷下懸掛紅底金框的盆式橫匾，以金漆書以「經堂」二字。

經堂原名「客堂」，用以接待四方來客。

「經堂」，屬五行建築中的「木形」。正門入口設計為「凹壽」樣式，即凹進去的半戶外空間，以作為建築玄關。凹壽空間高達兩層，寬度為一開間，頂部掛有兩盞木製大宮燈。而凹壽內的門窗以同款木製隔扇設計，搭配金黃色面葉，莊重典雅。

正門門楣上懸掛黑底金色通花框橫匾，書有「總辦事處」四字，並附有英文「GENERAL OFFICE」。門外懸有楹聯曰「朝讀中庸夕參大洞；心懷內景志佩金剛」，此乃由黃大仙師於壬寅年（1962）乩筆撰寫，內容涵蓋三教經典：儒家《中庸》、道家《大洞真經》與《黃庭內景經》，以及釋家《金剛經》，充分展現嗇色園「三教同尊」的信仰精神。

在建造之初，這座建築原名為「客堂」，用以接待四方善信。及後於 1930 年代重建時，易名為「經堂」，以凸顯其珍藏三教經典的意義。早年為嗇色園道侶交流溝通及召開會議的重要場所，凡遇重大事宜，均於經堂內張貼告示，以通告全體道長。後於 1980 年代因鳳鳴樓落成，議事場地遷至鳳鳴樓，同時隨着通訊科技的發展，經堂亦無須作為公告通訊處。如今，經堂仍然發揮着客堂的作用，接待海內外香客。

內部佈置

經堂為兩層建築，中央空間樓底高兩層，宛如「凹壽」的延續，使大廳格外開闊明亮。天花掛有一盞近兩米高的雙層結構水晶燈，倍增華麗氣派。

正對大門的牆上高懸嗇色園金浮雕園徽。園徽乃設計於 1970 年代，其構圖可分為三部分：

- 頂端：「松樹」與「三羊」。其中，「松樹」取自黃大仙師寶像的背景，而「三羊」則源於黃大仙師「叱石成羊」的威靈典故，並蘊含「三羊開泰」的吉祥寓意。
- 中間：「嗇色園」三字的楷書題字，此名乃文昌帝君賜予，寓意珍愛精神、虛靜省思、修身悟道的理念。
- 底部：體現嗇色園黃大仙祠的信仰基礎——「三教同尊」，以「玉書」代表儒家，「太極」象徵道家，「卍」寓意佛家。

園徽下方懸掛着「為善最樂」牌匾，為先道陳鎮邦道長於 1924 年所捐獻，與兩側發光字「普濟勸善」互相呼應。其中，「普濟」寓意普施法雨，濟度眾生；而「勸善」則意在勸人向善，規勸過錯，修德積福。

因一樓中央空間樓底升高，故二樓呈凹形，用作辦公室及文物儲藏室，日常並不開放。而二樓凹形位置，面向大廳的一側飾以三教浮雕玻璃，設計模仿大殿的三幅木刻畫：正門門楣上方嵌有道教「三清天尊圖」，左側為佛教「釋迦牟尼佛說法圖」，右側則展現儒家「孔聖先師六藝圖」，充分體現黃大仙祠「三教同尊」的信仰。

一樓劃分為三部分：左側設捐款處及詢問處、右側設沙發，為信眾提供休憩空間、正中為大廳。大廳放置關聖帝君造像，威儀莊嚴，寓意鎮守護佑。其前方設雲石木桌，供善信日常使用；北牆則懸有「辛亥金禧重建．赤松黃大仙師祠：善長玉照」芳名碑。此碑為紀念 1973 年先道侶及善信捐資重修大殿之義舉，早於 1980 年已懸掛於經堂內，現今展示的乃 2020 年重製版本，原件已作為文物，妥善保存。

園徽頂端的「三羊」源於黃大仙師「叱石成羊」的典故，下方則為「道釋儒」三教象徵元素。

「辛亥年金禧重建．赤松黃大仙師祠：善長玉照」其中一塊芳名碑原件。

經堂內部佈置。

建築檔案

1924 客堂建成。

1936 客堂重修，易名「經堂」，工程費用由先道阮躍池道長捐出。

1966 嗇色園註冊為「有限公司」，董事會在經堂貼出重要文告：「本園經於一九六五年六月十五日奉政府批准成為有限責任社團，一切措施蓋照本園註冊章程辦理，凡未依章登記及未繳納年費者，請於一九六六年十二月十五日前到本園辦事處辦理一切手續，否則不論任何事，概不得享受會員一切權益。」

1968 為進行全園大規模重建，重建小組於經堂內召開第一次座談會，與則師共同研討圖則。會議中通過黃大仙師寶座位置將不作變動。

1970 園務發展日盛，因而擴大經堂辦公空間，同時將大門改為柚木門。

1972 經堂重修定於全園大規模重建的第三期工程進行。

1975 雨天時常有漏水情況，修補瓦面瀝青膜。

1976 經堂計劃進行全面重建，因其屬五行建築中的「木形」，故內部建築大量使用柚木，包括：天花板、牆身、門窗、柱陣及樓梯等。同年安裝冷氣，提升辦公及接待空間的舒適度。

1980 經堂重建工程登報招標，並於同年選定承辦商。重建期間，建設小組保留了經堂內所有對聯、墨寶及相片。

1981 第三期重建工程項目即將落成。為使祠貌寬敞開揚，故拆除青雲路上蓋，並將路面改鋪石板。

同年底，經堂正式獲政府批出入伙紙。是次工程圓滿完成，奠定了經堂今貌。

1982 9月9日，新經堂正式揭幕。

1985 隨着嗇色園園務發展日盛，會員人數持續增加，原設於經堂的道袍櫃不敷使用，為此將鳳鳴樓二樓房間改為道袍房；員工辦公空間因而於翌年（1986）得以擴大。

2006 木地板出現白蟻蹤跡，部分位置更有隆起情況。

2007 更換經堂的大堂地板，施工期間，「臨時接待處」設於意密堂前，以確保服務不受影響。

2009 為迎接 90 周年（2011），經堂進行裝修工程，由於堂內使用大量木構件，故出現白蟻問題。為此，是次工程的所有新做木傢俱均有塗上防蟻油，同時將地毯改為無縫地板、牆身木板改為牆紙。

2013 完成經堂木窗翻新工程。

2018 經堂二樓完成翻修，並將嗇色園「內部審計組」遷入經堂，同時新增文物儲藏室。

2019 為迎接 100 周年（2021），經堂一樓進行重新裝修，並將採用開放式設計，增加善信及遊客的休息空間。

2020 經堂地面辦事處裝修工程於 3 月啟動，同年 10 月峻工。新經堂大廳由嗇色園黃大仙祠監院李耀輝（義覺）道長帶領弟子進行灑淨科儀，並為經堂中央的「為善最樂」牌匾揭幕。

10 月 4 日，經堂重新投入服務，希望能使每位蒞臨善信有賓至如歸的感覺。

五行建築：盂香亭（火形）

建築年份：1933 年
面積：9 平方米

5

孟香亭面積不大，卻是一座擁有不少傳奇故事的建築。
相傳在 1930 年，黃大仙師曾命弟子於現今亭址，
豎立杉木一枝，上綁紅燈。
每逢朔望日，弟子們便需繞杉三十六圈，口誦《大悲咒》，
一直持續至 1933 年孟香亭落成為止。

孟香亭奉祀燃燈聖佛，屬「火形」，按「孟香亭紀念碑」載述，乃為「闡揚佛法，以成三教同源之本」。

孟香亭外形為紅色八角亭台，屋頂採「攢尖八角重簷頂」設計，頂飾葫蘆。亭頂蓋以琉璃綠瓦，亭角微微上翹，展現南方建築特有的輕盈秀美。八根紅柱則飾有石製回紋「牛腿飾」(Corbel)，用以承托屋架，簡樸大方。

亭身八面設朱紅金面葉隔扇門，日常僅南門開啟，供信眾禮拜聖佛。門上設置同款格心的仿古支摘窗，既實用而又不失傳統之美。門外環繞迴廊，迴廊天花以紅底金蓮浮雕裝飾，工藝精緻，展現孟香亭佛家色彩。

孟香亭建於石基上，設東、南、西、北四門及四道台階，每門上均懸掛清末太史親題的匾額與楹聯，包括朱汝珍、賴際熙、吳道鎔與岑光樾，字跡遒勁，極具文化價值。其餘四面增置佛教「四大天王」陶瓷神像，掌管風調雨順，象徵護國安民。

相傳，在二戰期間，日軍某天突然進入黃大仙祠，並命令所有人集合，出示身份證明文件。眾人驚慌失措之際，孟香亭忽然出現紅光。日軍大感訝異，內心被震懾，故而迅速撤離。時人均認為是仙聖顯現。

孟香亭外形為紅色八角亭台，頂飾葫蘆。

此匾為清太史岑光越親題，按「盂香亭紀念碑」載述，盂香亭奉祀燃燈聖佛，乃為「闡揚佛法，以成三教同源之本」。

內部佈置

盂香亭奉祀「燃燈聖佛」，聖佛寶相慈悲祥和，以彩繪瓷畫呈現，並以金漆勾勒其慈光與袈裟，莊嚴神聖。聖佛神龕以朱紅為色，配以金色雕刻，並飾以仙鶴與靈鳥雕塑，尊貴典雅。神龕上懸「同沾雨澤」牌匾，寓意眾生共沐佛恩。

天花採用「平棋」設計，劃分為整齊方格，格紋飾以彩繪浮雕蓮花。天花中央設「仿藻井」的正方結構，雖因空間限制，僅微微內凹，但依然為空間賦予豐富的層次感。「仿藻井」結構的兩旁均飾有「卍」字紋，「井」內更高懸「佛慈廣大」的橫匾，此四字乃黃大仙師於盂香亭建成時所降乩示，並由賴際熙親筆題寫。

聖佛左側供奉佛教護法神「韋馱菩薩」畫像，威武莊嚴。其神龕同樣以朱紅為色，惟設計較平實樸素。

亭內地面以雲石鋪成蓮花圖案，環繞回紋紋飾。雲石蓮面的正中央擺放着半人高石座，亦以蓮花為造型，石面上刻有符篆。據記載，嗇色園先道曾於1980年代赴廣東尋根，期間在故壇遺址中發現了相同符式。現時，此符篆僅限道侶恭請，每次請領均須舉行科儀，由高功法師以硃砂將符篆托印於紙上，以護佑求符者平安如意。

盂香亭四周供奉佛教「四大天王」陶瓷神像，包括東方持國天王（左一）、南方增長天王（左二）、西方廣目天王（左三）、北方多聞天王（左四）。

盂香亭內部佈置。

殿堂檔案

1930 黃大仙師命弟子於現今亭址上，豎立大杉一枝，上縛紅燈，每逢朔望日繞杉三十六圈，隨念《大悲咒》。

1932 11 月，得黃大仙師及呂祖仙師乩示，須請燃燈聖佛鎮壇。

1933 黃大仙師命建亭，供奉燃燈聖佛，命名為「盂香亭」。建亭資金全由道侶捐獻，並未接受外來捐款。

1942 香港淪陷期間，日軍為籌建新機場，擬拆卸黃大仙祠。某天，日軍帶同職員及衛兵多人，駕車到黃大仙祠。甫下車，竟因天雨地滑，失足跌倒。及後信步入祠，卻見盂香亭附近紅光一閃。日軍即命衛兵查看，卻一無所見，於是拾級而上，直到大殿，抬頭一望，但見黃大仙師法相莊嚴。日軍心存敬畏，故鞠躬而去，並將拆卸日期延後。

1944 香港淪陷期間，日軍在 5 月某夜入園搜查，如臨大敵，命黃大仙祠眾人齊集，檢閱身份證明文件。正當日軍向道長盤問，盂香亭側忽然出現紅光，日軍不敢繼續追查，迅速離去。

1961 盂香亭重修，亭貌煥然一新。

1962 2 月 11 日，《華僑日報》以「踏春好去處」為題，介紹黃大仙祠的花木扶疏，其中又着重介紹盂香亭由清末太史親題的楹聯及牌匾。

1974 盂香亭重修工程於 6 月完成，特別委聘法師主持儀式。

1986 重造四位清末太史親題的匾額與楹聯。

1993 盂香亭重修。

2007 盂香亭進行翻修工程：更換地台及門窗、翻新神龕和牌匾、重鋪金箔，以及製作新供桌等。

7 月 24 日，嗇色園黃大仙祠監院李耀輝（義覺）道長帶領眾經生進行儀式，遷奉燃燈聖佛及韋馱菩薩。

翻修工程於同年 10 月竣工，隨後於 11 月 11 日舉行「燃燈聖佛回鑾安座科儀」，禮請燃燈聖佛及韋馱菩薩回鑾盂香亭。

2010 盂香亭外廊增置「四大天王」寶像，寶像為景德鎮製作的彩瓷。四位天工形象威武，鎮守殿宇四方，護佑社會風調雨順、國泰民安。

同年推行環保廟宇政策，祠內只有三處奉香位置，其一即為盂香亭。

2021 祠內多個殿堂加裝燈飾，其一便是盂香亭。又於同年定農曆每月初一及十五夜間開放，為公眾呈現大仙祠獨特的夜景。

五行建築：玉液池（水形）

建築年份：1936 年
體積：（直徑）4.5 米 x（高）0.94 米 x（高）1.33 米（金屬蓮花高度）

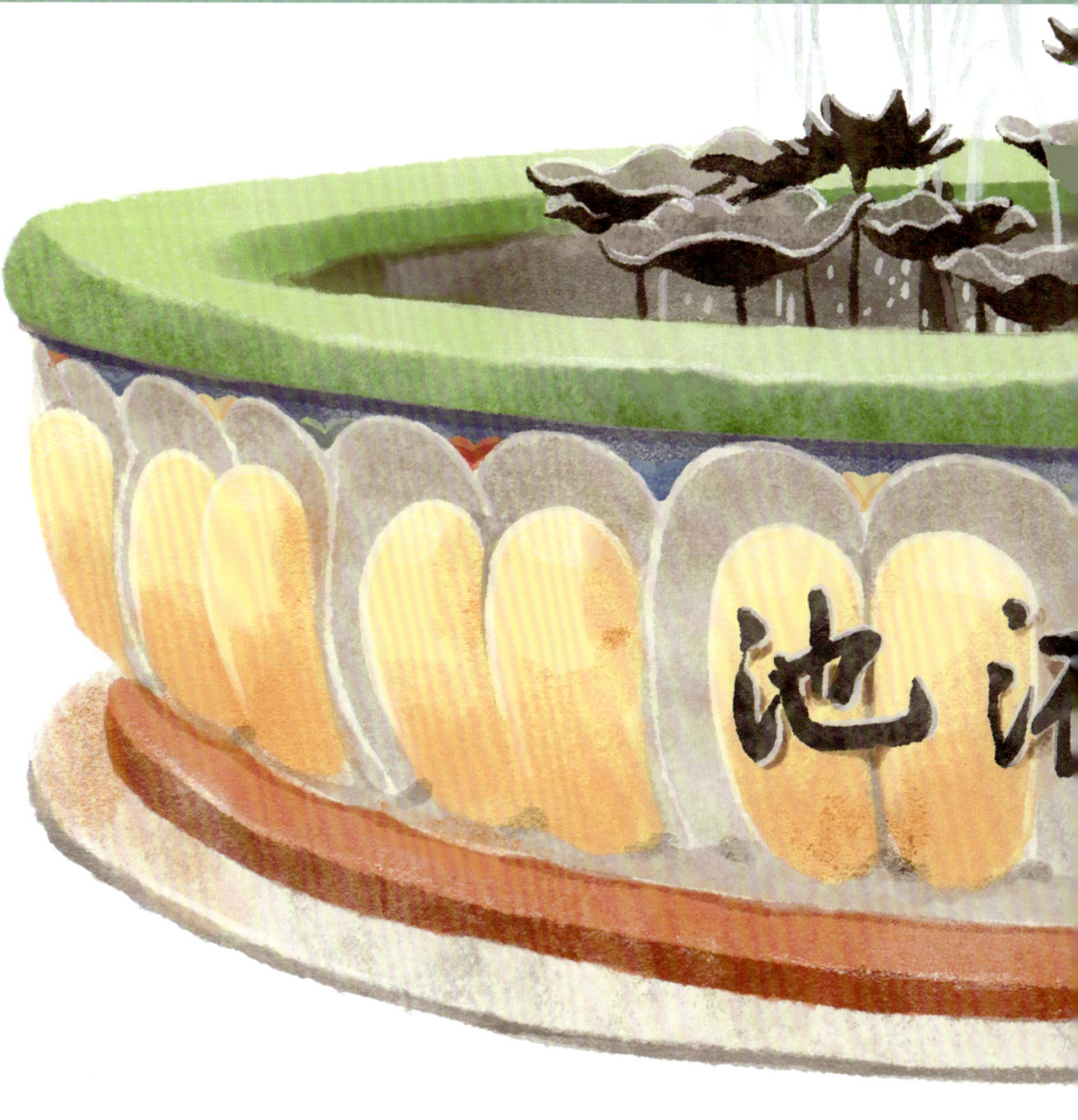

黃大仙師於 1936 年命弟子在盂香亭後方增建玉液池，
以彰顯佛門清淨聖潔。
玉液池為五行建築中的「水形」，
當時，池水深達九尺，池中種植蓮花，增添靜謐雅致。

黃大仙師於 **1936** 年命弟子在「盂香亭」後方增建「玉液池」，以彰顯佛門清淨聖潔。

至1980年代，嗇色園融入西方庭園美學，將玉液池改建為蒲公英款式的球狀噴水池，展現中西結合的設計。其後於1993年，玉液池重修，故池身刻有「玉液池」及「癸酉年董事局同人重修」等字樣。至2004年，又改以七朵蓮花為造型，象徵道教全真七子，即馬鈺、譚處端、劉處玄、丘處機、王處一、郝大通和孫不二。此設計沿用至今。

蓮花，在我國具有深厚的宗教與文化意涵，除上述道教象徵外，在佛教亦寓意着「清淨」與「智慧」。相傳，悉達多太子（即今人熟知的釋迦牟尼佛）出生後，行走七步，步步生蓮；在文化方面，蓮花更被賦予清雅高潔的意思。北宋理學家周敦頤便曾在《愛蓮說》中以蓮喻志，盛讚其「出淤泥而不染」，藉此表達堅守自我、不與世俗同流合污的崇高精神。

玉液池設計典雅優美，吸引善信與旅客駐足欣賞及打卡。

建築檔案

1936 黃大仙師命建「玉液池」，工程費用由先道阮躍池道長捐出。池身以磚砌成，設計以十字通花圖案，水深九尺，池中更種植蓮花，典雅靜謐。

1961 玉液池經重新粉飾後，池中仍種有蓮花，更養殖金魚。

1974 為免孩童誤入池中遇溺，故加裝鐵網。同年，發現池底漏水，隨即展開緊急維修。

1976 計劃委聘專業人士為玉液池加裝噴水系統。

1981 玉液池重新設計為蒲公英款式的球狀噴水球，同時鑿去原有的「意大利批盪」，並全面修補池底漏水問題。

1993 玉液池重修。

2004 重新設計，採用七朵蓮花為造型，同時保留噴水池功能，水流從蓮蓬中悠悠噴出，更為優美。

2025 玉液池重新粉飾，將青石池身漆上彩色，柔和典雅。

五行建築：照壁（土形）

建築年份：1937 年
體積：（長）4.96 米 x
（闊）1.5 米 x（高）6.15 米

7

照壁，又稱「蕭牆」、「影壁」或「屏風牆」，屬傳統建築，通常設於大門內外，用以劃分空間、區別內外，同時兼具保護隱私、擋風及裝飾美化等實際功能。

照壁屬五行建築中的土形，乃五行建築群中最後建成。

嗇色園的照壁屬五行中的「土形」，為五行建築中最後建成的。其由弟子合資興建，故壁上至今仍刻有「本壇弟子　阮靜誠[1]　陳程覺　合建」的字樣。照壁呈一字形，由壁座、壁身和壁頂三部分組成。

壁頂採用重簷式設計，脊剎為金色葫蘆，搭配屋頂的琉璃綠瓦，形成鮮明對比。此外，簷角微微上翹，線條流暢，顯得輕盈秀美。

壁心以白底紅字雕刻，南、北兩面分別刻有「清靈寶洞」和「朝佛」字樣，乃是如來佛祖於丁丑年（1937）親降乩筆。此外，照壁四周飾有多副對聯。其中，「清靈寶洞」兩側刻有「清靈樂善心無悔；寶洞拈香性要真」；「朝佛」兩旁則刻有「朝參聖佛恭而敬；禮拜仙真肅且誠」。照壁東、西兩面亦有聯句「啟明星照東方接；長庚金耀西邊來」，充分體現了深厚的文化底蘊和宗教意涵。

至於壁座，由於照壁建於斜坡，故僅南面可見。壁座通體雪白，設計簡潔，無多餘雕飾，樸素大方。

相傳，照壁建成後，黃大仙師曾命弟子於某夜子時朝東北方向拍攝夜空。弟子將照片沖洗後，驚見夜空中竟以雲朵組成佛祖和彌勒佛法相，畫面莊嚴神聖，令人驚嘆不已。

照壁設計自建成以後少有變動，歷次重修均為重新粉刷上色。唯一的顯著變動是脊剎葫蘆曾重新上色，改為如今所見的金色。

建築檔案

1930　11 月，玉帝雲駕降臨黃大仙祠，黃大仙師命眾弟子於「金華分蹟」前陳列供品，俯伏接駕。眾道長只聽仙樂飄飄，自遠而近，聲韻悠然。事後扶鸞，蒙玉帝派遣使者臨壇，賜封「清靈寶洞」，並言：「日後自有名人代書。」

1937　黃大仙師命建「照壁」，由阮躍池及陳程覺出資合建。同年，佛祖臨壇，降下「清靈寶洞」的墨寶，並命將之刻於照壁上。其中，「寶洞」乃道教用語，卻由佛祖親筆降書，充分體現了嗇色園「三教同尊」之旨。

2021　重新粉飾及油漆。

1　又名「阮躍池」。

山門（第一洞天）

| 建築年份：1925 年

8

山門，又稱「頭門」，
為黃大仙祠正門入口，
整體以汕頭白石雕製，
採用傳統的「四柱三門」格局。

嗇色園
第一洞天

「三門」在教內寓意跳脫「三界」（欲界、色界、無色界），進入神仙之鄉、清靜之境，體現道教對超凡脫俗的追求。四柱為「出頭」樣式，頂端各有石獅鎮守，氣勢昂然。

山門正中央懸掛着「嗇色園」匾額，由陸湛光先生親筆題寫，藍底金字，配以金色浮雕邊框，典雅大氣。匾額下方刻有「第一洞天」四字浮雕，以金漆描繪，與白石相互輝映。

兩側刻有金字對聯，內容由陳欣甫先生撰寫（1950年代曾任孔教學院大成學校校長），並由黃維琩教授親題「遡自金華分蹟嗇色構園開來第一洞天卜得鍾靈福地；仰茲真宇更新莊嚴在望遙接九霄正氣萃於眾妙玄門」，點出黃大仙祠道脈源自金華，而今建祠於福地，遙接九霄正氣，乃鍾靈毓秀之地。

中門兩側擺放青銅麒麟一雙，鎮守山門。麒麟外形獨特，融合了龍首、麋身、魚鱗、牛尾、龍爪，集天、地、水三界生物特徵於一身。其造型生動，雙目炯炯有神，軀幹微微躬起，皺鼻張口，毛髮豎立，尾巴上翹，三足穩踏地面，並重點刻畫了踩彩球及護幼子的形態。須彌座上更雕刻有「玉書」圖案，寓意「麟吐玉書」的典故。

山門背面刻有「瑞接雲衢」四字，故門後大道命名為「雲衢路」。「雲衢」一詞，寓意此地乃仙聖祠廟，屬靈氣交匯之處，更是人間勝景所在。兩側刻有金字對聯，乃嗇色園董事李元炳先生於 1991 年親筆題寫「迎九龍秀氣滿園草木欣榮鍾靈福地；承獅嶺清幽面對碧波輕漾別有洞天」，描繪黃大仙祠位於九龍福地，背靠獅山，面朝鯉魚門海口，山水相依，草木欣榮，堪稱洞天福地。

左　黃大仙祠正門入口——「山門」，以汕頭白石雕製，採「四柱三門」格局。

上　山門背面貌。

下　中門兩側擺放青銅麒麟一雙，
　　鎮守山門。

建築檔案

1925 新建「第一洞天」山門，蒙呂祖仙師乩筆賜下「第一洞天」四字。[1]

1937 因《華人廟宇條例》所限，嗇色園於 4 月關閉閘門，信眾只能在門外竹樹叢邊跪拜。後來，解籤檔內安奉黃大仙師畫像，信眾紛紛於籤檔內參拜及求籤。

1940 先道陳程覺道長出資，重建山門，將門柱由木杉改為水泥，並於鐵枝鐵網上掛起「嗇色園」及「第一洞天」牌匾。期間，蒙許真君降下聯文「放目長空可證娑婆原是幻；回頭覺岸方知宇宙亦非真」。

1941 先道陳燕庭道長獨資重修山門。

1972 全園大規模重建，山門被列為第二期工程，同時設計為牌樓樣式。

1973 嗇色園董事會決定將山門設計為白石牌樓，務求精巧壯觀，並計劃委聘汕頭石廠精心雕製，完成後運至香港安裝。

同年決定以石麒麟作為山門鎮守的瑞獸，但計劃最終擱置，改以石獅取代。

1974 7 月，向政府提交山門牌樓的圖則，並於同年獲批。

1975 6 月 12 日，山門牌樓工程正式開標，嗇色園董事會決定將工程交由出價最低的投標商承辦，並於 7 月 23 日簽定合約。

1977 1 月 12 日，山門落成剪綵，請得民政署署長華樂庭主持典禮。

2010 於山門擺放青銅麒麟一雙，護衛鎮守。麒麟後來成為黃大仙祠廣為人知的吉祥瑞獸，深受善信與旅客的喜愛。每逢到訪，總會觸摸麒麟，祈求福運綿長，同時也寄望麒麟送子，賜予子嗣。

2021 祠內多座建築加設燈飾，山門即為其中之一，並於同年定農曆每月初一及十五的夜間開放，為公眾展現大仙祠別具特色的夜間景致。

1 按嗇色園珍藏紀錄，1921 年已興建「大閘」，但推測其僅具「門戶」的實際功能，而非道場山門。

金華分蹟牌樓

建築年份：1925 年

9

黃大仙，原名黃（皇）初平，出生於蘭溪，成道於金華。
在晉至宋之間，黃大仙信仰在浙江發展興盛，並在金華建有赤松宮，
被稱為「祖宮」，是黃大仙信仰的重要發源地。
「金華分蹟」四字，正正彰顯了黃大仙信仰從金華發源、
傳播至香港的歷史脈絡。

金華分蹟牌樓屬「四柱三間七樓」格局，豎立於大殿外，彰顯了黃大仙信仰源起自金華的歷史。

1925 年，呂祖仙師乩示建造「金華分蹟」，命將其豎立於大殿門外，又親降「金華分蹟」四字乩筆，並賜予對聯「香火萬家心一瓣；松風兩岸水三叉」。

如今，牌樓設計莊嚴氣派，屬「四柱三間七樓」格局。大小樓頂均蓋以琉璃黃瓦，搭配藍綠斗拱，氣勢昂然。明樓脊堵飾以「八仙過海」浮雕，次樓則以立體「游龍」雕塑點綴。

正面以金漆刻畫呂祖乩筆「金華分蹟」，兩旁則有「丹煉」和「回春」的刻字，反映道教重要的修持法門，柱上更刻有「兩徑松陰三徑菊；數聲鳥語一聲鐘」題字，乃廣成大仙乩賜、陳荊鴻先生所書；而背面則刻有「叱石」和「成羊」四字，並配有羊群浮雕畫，生動地呈現了黃大仙師「叱石成羊」（將白石化為羊群）的威靈故事，柱上則有四大護法金浮雕。

傳統祠廟在壇前均設「左鐘」、「右鼓」，以敬告仙聖。故此，金華分蹟的兩側亦設鐘樓與鼓樓。然而，本壇的鐘、鼓擺放於大殿迴廊，故鐘樓與鼓樓現僅作為制式設計，並無實際使用。兩樓上分別刻有「普濟」與「勸善」的金漆字樣，凸顯了黃大仙師之訓示。此外，兩樓上有陶瓷製成的門神畫像，威武莊嚴。

牌樓前設有兩層台階，正中央裝設青石地雕九龍堵，橫跨兩層台階，氣勢恢宏。浮雕刻畫九龍形態，龍身蜿蜒盤旋，利爪鋒鋭，又塗以彩漆，栩栩如生。台階兩旁則設「如意」及「游龍」的浮雕，寓意公眾信步而上，心想事成、萬事如意。

台階前豎立青石華表一對，為傳統殿宇前的標識建築，以彰顯神聖威儀，亦具裝飾作用。華表由「須彌座」、「柱身」及「柱頭」組成。其中，黃大仙祠華表的「須彌座」飾以傳統吉祥圖紋，簡潔大方。柱身則分別有龍、鳳浮雕，並輔以喜鵲、牡丹、祥雲等吉祥圖案，細緻生動。上端更有兩塊向外伸展的雲板，造型優雅。柱頂瑞獸則為「犼」與「神鳥」。其中，犼腳踏如意，神鳥乘祥雲展翅，氣勢非凡。

牌樓前裝設青石地雕九龍堵，氣勢昂然。

鐘樓與鼓樓分別安裝有陶製門神畫像，並書有黃大仙師信仰的核心精神之一——普濟勸善。

建築檔案

1925 建造「金華分蹟」牌樓。

1955 啟動牌樓重建工程，並於同年9月竣工。牌樓前後設三台，梯分三層，級數各為三，刻有「丹煉」、「回春」等字，並雕刻黃大仙師「叱石成羊」成道故事，圖文並茂，彰顯於樓上。

1971 大殿重建地基工程告竣，因大殿與金華分蹟之間的空間狹小，不利善信參拜。為此計劃加建第一參神平台，並將牌樓位置大幅後移。

1973 金華分蹟牌樓階梯均以白石鋪砌，以求堅固耐用。牌樓於同年竣工，與「大殿」及「三聖堂」同期落成。

2010 計劃在金華分蹟牌樓背面裝設青銅五供。五供每個高近兩米，雕刻傳統吉祥圖紋，如蕉葉紋、獸面紋、夔紋、火紋、雷電紋、鳳鳥紋及蟬紋等，工藝精湛。

傳統上，「五供」用以供奉仙聖菩薩，五件器具依次為：中間香爐，兩旁各置花瓶，最外側則為一對燭臺。因此，第一參神平台設青銅五供，宛如將整個空間化為供奉場所，禮敬黃大仙師。

2011 第一參神平台擴建工程竣工，金華分蹟牌樓位置再次後移，同時重新設計及建造，但特意保留了「金華分蹟」字牌。

2021 祠內多座建築加設燈飾，金華分蹟牌樓即為其中之一，並於同年定農曆每月初一及十五的夜間開放，為公眾展現大仙祠別具特色的夜間景致。

2024 牌樓前方台階的青石地雕九龍堵及兩旁雕刻繪上彩漆，色彩鮮明，氣勢磅礴。

金華分蹟牌樓背面。

意密堂

建築年份：1933 年
面積：72.3 平方米

1933 年，先道議定《壇規十七條》，
經黃大仙師首肯後，將其懸掛於客堂（即今「經堂」）內。
其中一條壇規提及，各弟子可在祠內興建靜室，
但所有建築一經落成，除非有子孫繼承，
否則即歸嗇色園所有。
而意密堂正是當年由先道建造的靜室之一。

意密堂為先道阮躍池道長之靜室，名稱取「佛意深密，不易測知」之義。

《壇規》議定後，眾弟子紛紛請求黃大仙師批地建造靜室，隨後興建了「大樹堂」、「養雲廬」[1]、「若華樓」及「意密堂」等多座靜室。然而，歲月流轉，如今僅意密堂得以保存。

意密堂為先道阮躍池道長之靜室，其崇奉三教，取「佛意深密，不易測知」之義，故命名為「意密堂」，與同道研習佛理。1972 年，嗇色園董事會計劃興建「三聖堂」，以彰顯「三教同尊」之旨，並將意密堂「三聖」遷奉至三聖堂，同時將意密堂改建為祖先堂。黃大仙師批示曰：「大哉此問，亦有其心，其位合律，靈光可尋。」自此，意密堂即改作「祖先堂」，供奉先道侶蓮座。

意密堂的屋頂設計有高低兩級，增添層次感，並以琉璃綠瓦鋪設而成。正脊兩端飾有螭吻，垂脊上則有蹲獸五尊，氣勢非凡。屋頂下有藍綠色金龍浮雕額枋，搭配朱紅平板枋與柱身，又以黃色門面磚作為外牆，整體色彩鮮明莊重。

正門外設寬敞的簷廊，簷廊西牆上懸有「丁亥年（2007）意密堂重修紀慶碑」，東牆則有「壬戌年（1982）意密堂重建落成及揭幕紀念碑」。簷廊外紅柱有對聯曰「虎伏龍降觀生身自在；鳶飛魚躍樂意使何如」，為 1982 年意密堂重修落成後，由嗇色園董事李元炳先生撰寫，並由陳觀海先生題字，意境深遠。兩柱較後方設黑色矮閘，以金漆書寫「道侶蓮座　非請勿進」字樣。

正門以雲石鑲嵌為門框，設八道隔扇門，門板為沉褐色，配以金色面葉作點綴，古樸典雅。門的樣式雖採傳統設計，但卻是左右各四的趟門結構，可完全開啟，既保留了傳統建築的美感，又兼具實用性。

整棟建築坐落於兩層白石台階上，首層台階的欄河柱頭更安設石獅，造型威武，以作鎮守殿宇之用。

內部佈置

意密堂是供奉先道侶蓮座的場所，堂內共設三個神龕，均以朱紅為主色，配以金色通花設計，華麗莊嚴。正中央的神龕上方懸掛着「普宜壇歷代道侶之蓮座」的雲石匾額，匾額兩側設彩繪浮雕，繪有飛天、仙鶴及祥雲等圖案，寓意眾先道侶在羽化後登臨仙境，逍遙自在、福佑後人。

1　養雲廬以牌匾「靜觀自在」及楹聯「壇號普宜宜悟道；園名嗇色色皆空」作為佈置，重製的牌匾及楹聯如今仍可見於大仙祠內。

意密堂內部佈置。

神龕下方設有道侶蓮座，共分九排，每一個蓮座均以朱紅木牌為底，搭配金色通花框，並以金漆工整地書寫先道侶的道號、姓名，莊重典雅。

西壇供奉「本園各壇守衛乙巳」，其下羅列了二十個名字。根據嗇色園紀錄，黃大仙師曾降乩敕命已羽化的梁仁菴道長重返大仙祠，擔任「監壇乙巳」一職。而此壇羅列的首個名字正是「梁傳道」（梁仁菴的別號）。此外，名單中還包括多位先道長，但部分名字已非其凡名，因此無法準確核對。然而可以確定的是，西壇供奉的正是嗇色園歷代已羽化的監壇先道。

東壇則供奉「二十二世祖　阮公靜誠　阮陳氏欲虛　神位」，前方並置有三張照片。阮靜誠，又名「阮躍池」，乃嗇色園先道，早期曾多次為嗇色園建設而慷慨解囊，如：1925 年重修「麟閣」、1936 年重建「經堂」、1937 年興建「照壁」等。此外，意密堂原本也是阮躍池所建造的靜室。因此，殿內東壇特別供奉阮靜誠與其夫人阮陳氏的神位，相信是為了紀念阮氏夫婦對嗇色園的卓越貢獻，同時亦表達對意密堂興建者的緬懷與敬意。

而殿堂的天花按三壇佈局，設有三個滲光構件。正中央的為正方形設計，並採用雙層結構，內層微微內縮，營造出層次感；左右兩側則為長邊六角形設計，與中央的正方形相互呼應。三個滲光構件僅以回紋為裝飾，樸素而不失典雅。

殿堂檔案

1933 《壇規十七條》列明：「各同人為有欲自建築靜室者，必要呈請仙師批准，不得任意自為。一經建築之後，即作本園公有，如其人了道後，其子孫有繼志者，則由其子孫先用之。如無繼志者，則所有建築、傢俬、雜物作為公共所有，不得頂與別人承受，亦不得拆毀搬遷。此等靜室，只可作暫寓之所，若外人未得主人許可，不得擅自居留，亦不准婦女住宿，所有額外費用，應歸該室主人自理。」

意密堂隨後建成。

1958 嗇色園時任主席黃允畋道長承父親之命，捐資重修意密堂神龕。神龕於 4 月正式落成，禮請觀音菩薩、關聖帝君及呂祖仙師三聖陞座。

當時之三聖均為畫像，均出自畫師劉醴平先生（1891–1975）之手。

1962 颱風溫黛襲港期間，意密堂前座上蓋遭強風吹毀，嗇色園迅速展開維修工作。

1966 4 月，意密堂因建築老化，遇雨即有漏水情況。適逢雨季將至，遂決定以瀝青紙敷補上蓋，作為臨時應急措施。

1970 嗇色園決定將功德堂先道蓮座，暫遷至意密堂供奉，但為慎重起見，擬請堪輿曆師傅蔡伯勵先生擇吉日，再呈黃大仙師裁定。

同年，因大殿重建在即，意密堂側將建臨時空間，暫存雨化堂藥材及雜物。

1972 嗇色園董事會紀錄了乩壇叩問改建意密堂一事。黃大仙師批覆：「大哉此問，亦有其心，其位合律，靈光可尋。」自此，意密堂即改建為「祖先堂」，供奉先道蓮座。

同年，三聖堂神龕亦告落成，先道自意密堂恭迎觀音菩薩、關聖帝君、呂祖仙師到三聖堂陞座。

1974 計劃重建意密堂，並完成意密堂圖則，同年於 7 月上旬入則。由於意密堂乃先道阮躍池道長所建，嗇色園特致函其後人阮達祖先生，以示知會。

1975 維修意密堂屋頂上蓋。

1976 訂定意密堂重修外觀，該設計奠定了如今殿貌。

1980 8 月 1 日，登報招標承建意密堂重建工程。同年 11 月，與選定之承辦商簽署合約。

1981 意密堂的神龕、供桌等設計均由陳輝先生完成，嗇色園隨後登報就相關製作工程招標。同年 11 月，工務局正式批出意密堂「入伙紙」。

1982 先道蓮座的設計改以雲石鑲邊，取代原先不鏽鋼框的設計方案。同年，製作「壬戌年意密堂重建落成及揭幕紀念碑」。

9 月 9 日，意密堂舉行落成揭幕典禮，並邀請黃大仙民政專員冼德勤太平紳士、助理教育署署長李越挺先生及黃大仙民政主任何鑄明太平紳士擔任主禮嘉賓。

2005 嗇色園董事會重新制定了羽化道侶安奉蓮座於意密堂的資格。

2006 意密堂於 11 月展開裝修工程，並於翌年（2007）竣工。

2007 2 月 15 日，嗇色園黃大仙祠監院李耀輝（義覺）道長帶領眾弟子舉行蓮座上位儀式。

同年，經堂進行大堂地板更換工程，施工期間，臨時接待處設於意密堂前平台，以維持服務。

2008 自意密堂重修後，蓮座分配進行了重新安排，並正式訂定每年農曆七月十四日舉行「祭本園先道侶科儀」，慎終追遠。

同年，於意密堂正門兩側加裝雲石蓮座。

2011 意密堂因建築老化，出現殿門破爛、蓮座褪色及天花發黃等問題，故計劃進行裝修工程。是次裝修工程完成後，堂內煥然一新，呈現出如今所見之殿貌。

1 赤松黃大仙祠牌樓

| 建築年份：1968 年初建、1976 年重建

赤松黃大仙祠牌樓由嗇色園與東華三院合建，

象徵兩個機構之間的深厚友誼。

牌樓屹立於龍翔道旁，

駕車經過時總能見其雄偉壯麗的風姿。

赤松黃大仙祠牌樓乃嗇色園與東華三院合建，象徵兩個機構間的深厚友誼。

牌樓採用「四柱三間五樓」的格局，頂蓋琉璃黃瓦，正脊兩端飾有螭吻，垂脊則有三尊蹲獸。五樓更分別點綴大小套獸，又輔以藍綠斗拱、金色龍鳳浮雕額枋及朱紅綠紋雀替等，既莊嚴宏偉，又富藝術美感。

面向龍翔道的一側刻有「赤松黃大仙祠」六字，並配以對聯「叱石成羊仙靈卓異傳千古；環山聳翠祠宇巍峨鎮一方」，讚頌黃大仙師「叱石成羊」的威靈與成道故事，又描繪了黃大仙祠「環山聳翠」的優美環境，以及終年香火鼎盛的景況。牌樓外側的石碑記錄了 1963 年至 1976 年間東華三院董事會的芳名錄，並刻有「一九六八年歲次戊申仲夏興建　一九七六年歲次丙辰冬月重建」的字樣，顯示了牌樓於 1963 年開始籌建，1968 年正式落成，隨後因應需要拆卸，並於 1976 年重新建成的歷史。

牌樓面向黃大仙祠的一面，刻有「天地鍾靈」四字，並配以對聯「四時華木自成春正如倒啖蔗甘佳境當頭從此入；三教淵源同一系可牵大開草昧光芒前路各先登」，此對聯由盧湘父老師（康有為弟子，曾任孔教學院院長）於 1966 年撰寫，當時盧老師已屆高齡 99，借老師之吉祥長壽，寄託對嗇色園未來發展的美好祝願。外側則是 1996 年增添的另一副對聯，以慶賀嗇色園成立 75 周年「三教共皈依託地爐峰興德樂仁七五載；九州同景仰成蔭獅嶺普濟勸善萬千年」，此聯由嗇色園董事陳立創作，表達了嗇色園弘揚三教精神、普濟眾生的宗旨，以及其在九州內外廣受景仰的影響力。

牌樓面向黃大仙祠的一面，刻有「天地鍾靈」四字。

建築檔案

1963 計劃籌建龍翔道牌樓，並由東華三院時任主席曾正先生及各總理代表向華民政務司申請撥地，同年獲當局批准。

1966 嗇色園與東華三院時任主席孫秉樞先生及各總理通力合作，共同推動在龍翔道興建牌樓，建築費由雙方各承擔一半。

1969 牌樓正式落成，請得鄧肇堅爵士主持剪綵儀式。

1974 由於牌樓位於地鐵站出口通道，香港政府來函徵用該地，提出地鐵公司將在原址代為重建，並按價作出賠償。拆卸工程於同年進行招標。

1976 計劃重建牌樓，於同年選定承辦商，建築合約由嗇色園時任主席黃允畋道長與東華三院時任主席江永安先生共同簽署。

1977 牌樓重建落成，再次請得鄧肇堅爵士主持開幕儀式。鄧爵士在致辭中表示：「東華三院與嗇色園兩大善團攜手合作，共同致力於社會福利，已有 21 年之久……造福社會，利濟人群，實深符黃大仙師普濟勸善之旨。」

2010 嗇色園計劃修葺赤松黃大仙祠牌樓，並與東華三院合資完成修葺工程。

1

三聖堂

建築年份：1972 年
面積：135.7 平方米

2

嗇色園於 1970 年代建三聖堂，

以彰顯「三教同尊」之信仰基礎。

其原址為「藥局」（全名為「赤松仙館贈醫施藥局」），

故在三聖堂尚未正式命名前，

嗇色園的文件記錄中均以「新藥局」或「新殿藥局」稱之。

三聖堂供奉三教聖人，外牆採用落地玻璃設計，讓信眾得以瞻仰聖像。

「三聖堂」建造時，需要將「三聖」由意密堂遷奉至新殿，故嗇色園同人特意叩問黃大仙師是否可行。大仙批示道：「可行可行，百福齊增，迎聖入座，氣接雲層，是善意、是善舉，禮列聖，迎上瑞。」

三聖堂的屋頂採用「懸山頂」設計，覆以琉璃黃瓦，正脊兩端的脊吻獸設計與大殿同出一脈，延續了似龍似獅的獨特造型。然而，大殿脊吻獸捲雲尾共三條，三聖堂的僅有一尾，巧妙突出了大殿的尊崇地位。此外，垂脊上共有蹲獸四尊，騎鳳仙人前更增設了一尊靈動活潑的瑞獸，使外觀更精緻。

主殿左側設有一間小室，屋頂同樣覆以琉璃黃瓦及「懸山頂」設計，其高度略低於主殿。右側則以黃瓦「盝頂」為設計，四邊設簷，頂部由四條與屋頂平行的屋脊構成平頂，呈現出錯落有致的建築層次感。

三聖堂巧妙地將現代建築材料融入傳統設計，其正面外牆採用落地玻璃，飾以金浮雕木框，左右兩側以木底金字題寫「孚佑帝君」（呂祖仙師）與「關聖帝君」。信眾可透過正門及左右兩側玻璃，清楚看到神壇內部，瞻仰聖像。

內部佈置

三聖堂殿內分為三壇，分別供奉三教聖人，佈局莊嚴而和諧。中央供奉佛教觀音菩薩，聖像呈現為木製千手千眼觀音法相，造型精美。聖像左右各有十六隻手，各持不同法器，頭頂更有諸佛湧現，雕工細膩。菩薩座前侍立善財童子與善女龍王，為菩薩脅侍。神龕柱飾以蓮花，並題有聯句「無處不留恩現度常來輝色相；有天皆法雨尋聲劫外響松雲」，寓意觀音菩薩普渡眾生、無處不在的慈悲精神。供桌則刻有「慈航普渡」，呼應觀音菩薩在道教中「慈航真人」的聖號，同時亦彰顯其救苦救難、普渡眾生的威靈。

左壇供奉道教呂純陽帝君，其聖像雕工細膩，龍眉鳳眼、法相莊嚴，凸顯呂祖仙師的仙風道骨。神龕柱飾以神龍，又有聯句曰「一枕黃粱千載夢；九還金液萬年春」，講述呂祖仙師被鍾離權以「黃粱一夢」點化的故事，同時也彰顯了呂祖仙師擅於煉丹、濟世救人的威靈事蹟。供桌刻有「道法自然」，體現了道教順應自然、清靜無為的思想。

右壇供奉儒家關聖帝君，其聖像以陶瓷製作，氣宇軒昂，威風凜凜。此外，神龕還擺放了三尊小瓷像，分別為關帝、太子關平及副將周倉。神龕柱飾以神龍，聯句為「氣貫長虹武緯文經冲雲漢；心懸烈日神留千古鎮山河」，彰顯關帝忠肝義膽、文韜武略的崇高地位。供桌刻有「忠肝義膽」，體現了儒家對忠義精神的推崇。

殿內懸掛聯句「嗇節有餘三教同源承一脈；色空雖幻眾生樂善自千秋」，此聯乃為紀念 1973 年三聖堂落成而設，由莫儉溥先生撰，並由陸湛先生書。聯句簡潔闡釋了「嗇色」二字的深層意義，並表達了嗇色園「三教同尊」、「普濟勸善」的宗旨。

三聖聖像原為畫像，於 2010 年正式改為塑像。

殿堂檔案

1970 確認三聖堂建造工程的承辦商。

1972 嗇色園董事會記錄了乩壇叩問三聖堂迎請三聖的事宜，黃大仙師批覆道：「可行可行，百福齊增，迎聖入座，氣接雲層，是善意、是善舉，禮列聖，迎上瑞。」同年農曆十二月初十日，自意密堂恭迎觀音菩薩、關聖帝君及呂祖仙師到三聖堂陞座。

1973 三聖堂工程竣工，並獲政府部門發出入伙紙。同年，由於原有藥局已拆卸並改建為三聖堂，而新的藥局尚未建成，「贈醫施藥部」遂遷入三聖堂。中醫診症室設於下層，上層則用作藥材儲存，繼續提供贈醫施藥服務，一直延續至 1981 年新醫藥局建成為止。

1980 經堂重建在即，「臨時辦事處」設於三聖堂上層，以確保各項服務能於工程期間如常運作。

1988 農曆二月初一日起，嗇色園一連三晝夜舉辦祈福法會，為香港公益金籌款。其間，黃大仙祠內設有「金榜題名」活動。凡捐款達到一定金額者，其題名將設於三聖堂。

1996 三聖堂內殿及殿外梯級進行修葺工程。

1997 香港回歸祖國，嗇色園道長於三聖堂啟壇，誦經禮懺，一晝連宵，虔誠祈求香港繁榮昌盛、社會和諧安定、人民幸福安康。

2007 三聖堂上層房間改建為「宗教物品儲藏室」。

2010 三聖堂進行重新裝修，項目包括：安裝落地玻璃，以提升殿內採光、擴建內殿空間，同時將原有的大神壇重新設計為三個獨立神壇，並以仙聖塑像取代畫像。

2019 為籌備建設「黃大仙信俗文化館」、「財神宮」及新增儲物室，三聖堂前方廣場暫停開放。為方便善信參拜，三聖移鑾至第三參神平台。

2021 祠內多個殿堂增設燈飾，其中包括三聖堂。同年，黃大仙祠於農曆每月初一及十五夜間開放，為公眾呈現黃大仙祠獨具特色的夜間景致。

龍鳳之勢（鳳）：鳳鳴樓

1

建築年份：1981 年
面積：1400 平方米

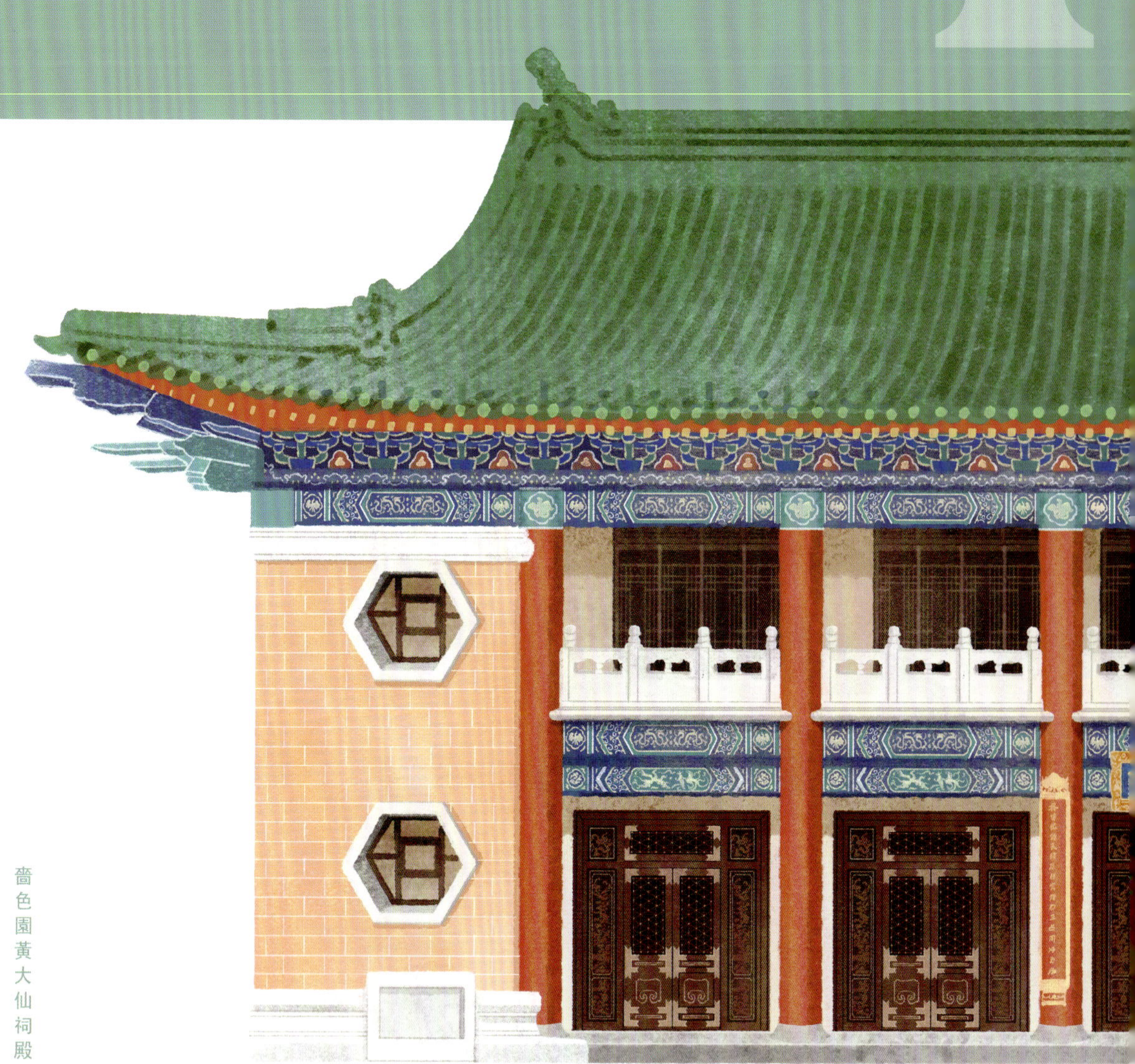

3

鳳鳴樓為兩層建築，乃黃大仙祠重要建築物之一，
平日用以舉辦會議或大型活動。
此外，部分科儀法會，
亦會特別移師至鳳鳴樓禮堂，
以免受風雨侵擾，確保儀式順利進行。

鳳鳴樓面積廣闊，二樓為會客廳，一樓則為大禮堂，日常用於舉行法會及各類活動。

鳳鳴樓一樓大禮堂。

鳳鳴樓屋頂採用「廡殿頂」設計，覆以琉璃綠瓦，正脊兩端飾以傳統螭吻，垂脊上排列蹲獸七尊。外牆以黃色門面磚砌築，並設六角形櫺格窗，增添古樸典雅之美。

大樓正門位於南面，採「七間開五」設計，可開啟的五開間均為傳統深褐色格扇門窗設計，外觀整齊和諧，間或以彩漆點綴飛鳥浮雕，細緻精美。五門齊開時，內外空間融為一體，氣勢恢宏；而正中「明間」懸掛「鳳鳴樓」牌匾，匾額邊框為紅底金浮雕，題字區域則為淺藍底金字。此匾題款為「黃允畋敬題」，極具意義。正門兩側懸掛對聯「鳳鳴開盛世園中瑞氣氤氳九龍勝地鍾靈秀；樓聳接諸天眼底祥雲縹緲三教同源濟物心」，此聯是黃允畋先生於 1982 年撰寫，並由嗇色園董事李元炳先生親自題寫。惟正門僅於大型活動或法會時啟用，日常較少開啟。

西側設有兩道拱門，一道藏於從心苑內，另一道則在「黃大仙師包容天下」造像旁邊，後者為日常出入口，門上飾有精緻的浮雕門神，造工細膩，吸引不少善信駐足拍照；東側連接飯堂與廚房，僅供嗇色園內部使用，為會員道長及員工提供膳食服務。

二樓同樣採「七間開五」設計，並設露台與白石欄河，露台的隔扇門窗與一樓風格一致，整體設計和諧統一，簡潔中流露典雅氣韻。

內部佈置

鳳鳴樓一樓為活動禮堂，空間寬敞，可容納約 500 人。平日除了舉辦各類科儀法會外，亦會因應各項善業服務的需要，舉辦課程、講座及展覽等，為公眾提供多元化活動，促進交流與傳承。

二樓最西面設「藏經閣」，收藏嗇色園傳統科本及重要經典。藏經閣日常均會上鎖，非監院特許，不得內進。從藏經閣往外走，便是會客廳與兩間多用途房，乃嗇色園日常接待嘉賓的重要場所，佈置融合東西方元素，典雅大方，兼具舒適與實用。

從會客廳朝東走，便是嗇色園道長的道袍房。道袍房內擺放着道長的袍衣和法器，並設有房間專門收藏嗇色園在特定大型法會中使用的法服，如「斑衣」與「百福衣」等。這些法服均由專屬員工細心整理與保管，確保其整潔完好。

建築檔案

1966 計劃在黃大仙祠東面空地興建綜合大樓，以作為辦事處、職員宿舍及飯堂等用途。大樓落成後，將可於大殿重建期間，移奉黃大仙聖像至大樓內，供善信瞻仰參拜。

1968 董事會最終更改 1966 年計劃，決定優先進行大殿重建。當時，「鳳鳴樓」尚未正式命名，在文件紀錄中僅被稱為「東面禮堂」、「東面大堂」、「宿舍禮堂」或「會堂」等。

1973 董事會原建議將鳳鳴樓設計為三層建築，但計劃最終被推翻，現時的鳳鳴樓僅為兩層建築。

1974 鳳鳴樓圖則完成繪製，並於同年獲政府批准。

1976 確定鳳鳴樓基本外觀設計，同年進行招標工作，並選定最低價之投標商承辦工程。

1977 1 月 12 日，嗇色園舉辦了「鳳鳴樓奠基典禮」，邀得民政事務署署長華樂庭主持。從奠基典禮的相片中，首次出現「鳳鳴樓」一名，推測乃於 1976 年下旬完成命名。

1978 計劃於鳳鳴樓地下興建停車場，即如今的董事停車場。

1979 11 月 22 日，《華僑日報》報道，民政事務署署理署長梁文健到黃大仙祠視察，並提到鳳鳴樓已完成興建，即將啟用。

1980 製作鳳鳴樓牌匾，選柚木為材，採用盆式設計，刻上八寶花邊，紅邊鋪金箔，內部為藍底金箔字。同年，鳳鳴樓進行內部裝修。

1981 黃大仙區內長期缺乏社區會堂及大型會議場所，因此嗇色園決定以低廉價格將鳳鳴樓禮堂出租予外界團體，舉辦各類社區活動。同時，二樓則借予政府召開會議。

同年 4 月，嗇色園在鳳鳴樓禮堂舉辦首個典禮：「嗇色園六十週年紀慶及醫藥局擴建落成開幕典禮」（「醫藥局」指「普濟樓」）。隨後 5 月，鳳鳴樓二樓裝修竣工，借予黃大仙區議會召開會議，與會者包括：時任港督麥理浩爵士、民政司黎敦義議員、民政事務署署長班禮士議員、區議會主席冼德勤專員等等。

11 月 26 日，鳳鳴樓與九龍壁一同落成，請得民政司黎敦義議員及鄧肇堅爵士主禮。至此，「龍鳳之勢」正式形成。

1982 2 月，黃大仙民政處於鳳鳴樓禮堂舉行「黃大仙區公民週展覽」。同年 7 月，嗇色園聯同黃大仙民政處及黃大仙警區警民關係組合辦「鳳鳴樓之夜」，舉辦為期三天的滅罪綜合晚會。此外，鳳鳴樓作為黃大仙區的社區活動重要場地，多次被借用作區議會投票及點票場所。

為滿足外界的使用需求，嗇色園決定為鳳鳴樓禮堂添置鋼琴，進一步完善設備。

1985 由於會員人數不斷增加，原設於經堂的道袍房不敷應用，因此決定將鳳鳴樓二樓房間改建為「道袍房」。

1997 嗇色園黃大仙祠成為香港首個道教婚禮法定場所。

9 月 22 日，嗇色園在鳳鳴樓會議室舉行記者招待會，向公眾講解申請程序及婚禮安排。

2008 在大殿及第一參神平台擴建工程期間，鳳鳴樓禮堂被用作臨時大殿，供奉黃大仙師及齊天大聖。為此，堂內木器及人造皮飾面均加噴了防火漆，同時限制點香數量，以保障安全及維持空氣質素。

4 月 5 日，黃大仙師聖駕正式移鑾至鳳鳴樓禮堂，鳳鳴樓廣場也隨之改造為善信參拜區。為騰出更多參神空間，由蘭溪市人民政府惠贈的「仙鄉吉羊群」漢白玉雕塑及摔角手掌印碑座被移至從心苑，妥善安置。

2009 鳳鳴樓外牆加裝嗇色園園徽，增強建築的辨識度。

2010 大殿重修完成，黃大仙師回鑾至大殿。而在鳳鳴樓禮堂作為「臨時大殿」期間，因長期受香火熏染，牆面泛黃，加之多年未翻新，裝修亦顯陳舊。部分位置還受到白蟻侵害。因此，計劃全面翻修鳳鳴樓禮堂。

2011 確認鳳鳴樓裝修方案，同年正式動工，工期為三個月。施工期間，禮堂內的鋼琴被轉贈予有需要的單位，以善用資源。

同時，由於裝修影響，飯堂暫停運作，園方以津貼形式資助員工外出用膳，以減少施工期間對員工的影響。

2012 9 月 22 日至 11 月 4 日期間，嗇色園在鳳鳴樓禮堂舉辦大型展覽「尊道重禮——道教經壇文物展」，透過珍貴的道壇文物，讓公眾深入了解道教歷史。

2019 隨着「悟道堂」的建成並提供更多會議空間，鳳鳴樓二樓會議室計劃改造為多用途房，以接待重要嘉賓。為此，是年安排招標報價程序，同時審視各投標商的設計方案。

2020 由於鳳鳴樓禮堂的使用率極高，雲石地板逐漸失去光澤，甚至出現損壞情況。為此，禮堂內部進行雲石地板的修補及更換工程。同時，禮堂的木門框也同步進行更換。

同年 9 月，鳳鳴樓二樓會客廳裝修工程正式啟動，並於 11 月底順利完工。

1

龍鳳之勢（龍）：九龍壁

建築年份：1981 年
體積：（高）4.6 米 x（寬）13.5 米 x（深）1.26 米

4

嗇色園九龍壁是傳統「影壁」建築，
具有區分內外空間、增加私隱及裝飾美化的功能。
九龍壁乃仿照北京北海公園的九龍壁建造，
惟整體用料均以連州青石雕刻而成，
並繪上彩漆。

九龍壁上的神龍栩栩如生，氣勢磅礴。

壁身背面刻有中國佛教協會會長趙樸初居士的題字。

壁頂與壁座以黃、綠為主色，色調和諧，層次分明。壁頂採用「廡殿頂」設計，並通過精湛的彩繪技術，營造出琉璃瓦頂的質感與光澤。正脊兩側飾有龍子螭吻，同時又雕以龍浮雕，氣勢恢宏。簷下的斗栱設計細緻精巧，而斗栱間更雕刻十八條蟠龍，使整體設計更為生動。

壁身正面以雲水為底，色彩以藍、綠為主，營造出天水相連的磅礡氣勢。壁刻五爪九龍，中央是金龍，兩側分別是藍龍與白龍，最外側的龍則分別為棗紅色與橙色，龍形威武生動，並點綴以海浪波濤的雕刻，增添動感。整體雕工極其精巧，無論是龍身的鱗片、爪部的張力，還是波浪的層次，均細緻入微，栩栩如生。

壁身背面刻有中國佛教協會會長趙樸初居士的題字：「昔聞叱起山頭石，今日欣看石作龍。萬古海天添勝蹟，九龍翔舞九龍中。」既追憶了黃大仙師「叱石成羊」的典故，也道出今日嗇色園同人以石刻龍的巧思。

壁座主要飾以花木紋飾，與周邊花園景致互相呼應。而九龍壁置於池中，壁前設有九個噴水龍首，池內更有曲橋游魚，又以青石鯉魚為點綴，周圍種滿花木，整體景觀靜謐中透着生動，極具園林美感。

「水不在深，有龍則靈」，九龍壁前設水池造景，飼養鯉魚，不僅增添生氣與活力，更有吉祥與繁榮的寓意。

2018 年，九龍壁綜合大樓——「悟道堂」正式落成開幕，作為嗇色園的辦公及會議大樓，日常並不對外開放。由於大樓位於九龍壁花園內，花園亦同步不對外開放，僅在特別活動開放予公眾參觀，讓人們有機會近距離欣賞這座精美的影壁建築，感受其文化底蘊與魅力。

建築檔案

1978 訂造以連州青石雕刻的單面「九龍壁」，並繳付訂金。

1980 九龍壁原址曾有「石壁流泉」的景觀，為安放九龍壁，故將其拆卸。同時，為壯大九龍壁景觀，特聘專業人士重新設計花園佈局。

同年，敦請王韶生教授撰寫《九龍壁記並序》，文章雕刻成碑，現今仍安放於九龍壁花園之中，講述九龍壁建造的歷史背景。

1981 九龍壁運送到港，嗇色園聘請本地公司負責安裝工程，將九龍壁置放在花園的上下池中央位置。

九龍壁背面蒙北京中國佛教協會會長趙樸初居士親自題詩一首，並書寫「九龍壁」三個大字，為其增添深厚的文化與藝術價值。

同年 11 月 26 日，九龍壁與鳳鳴樓一同落成，並邀請民政司黎敦義議員及鄧肇堅爵士主禮。至此，「龍鳳之勢」正式形成。

2007 九龍壁混凝土基座進行修補工程。

2018 為配合「悟道堂」落成，青石九龍壁漆上鮮豔彩色。

1 月 24 日，嗇色園黃大仙祠監院李耀輝（義覺）道長帶領眾經生為「九龍」開光。

2021 祠內多個殿堂增設燈飾，「九龍壁」為其中之一。同年，黃大仙祠於農曆每月初一及十五夜間開放，為公眾呈現黃大仙祠獨具特色的夜間景致。

2018 年，位於九龍壁旁的綜合大樓正式開幕，命名為「悟道堂」。大樓外牆飾有鍾馗帝君寶像及飛翔的蝙蝠，寓意「引福歸堂」。

1

普濟樓（嗇色園醫藥局）

建築年份：1981 年
面積：333 平方米（一層）

5

嗇色園自成立以來，一直恪守黃大仙師「普濟勸善」的寶訓，
並於 1924 年開展贈醫施藥服務。
然而，由於當時黃大仙祠位處竹園，交通不便，人煙稀少。
嗇色園遂將醫藥服務設置於交通便利之九龍西貢道地段，
以惠及更多有需要的市民，廣施善德。

嗇色園醫藥局（普濟樓）正門。

香港淪陷期間，九龍藥局被迫停業。此外，又有不少道長堅守黃大仙祠，目睹鄰近居民健康狀況堪憂，深感憐憫，遂於 1943 年在三聖堂現址重設「藥局」，將醫藥服務正式遷回黃大仙祠，並延續至今日的「普濟樓」，繼續實踐普濟眾生的宗旨。

普濟樓，又名「嗇色園醫藥局」，是一座兩層建築，其屋頂採用「山」字形設計，中間主體建築最高，左右兩側略低，層次分明，使整體結構更顯立體感。整座建築覆蓋琉璃綠瓦，主體結構採用「懸山頂」設計，正脊兩端裝飾有螭吻。建築的左右兩翼延續「懸山頂」設計風格，整體佈局錯落有致，既保留傳統中式建築的特色，又展現對稱美感。

建築外牆採用黃色門面磚，搭配朱紅色長柱，色彩對比鮮明，典雅莊重。整體建築順應地勢而建，兩層均設有獨立門口：二樓門口朝北，並於東、西兩面設大量窗戶，提升採光效果；一樓門口朝東，正對嗇色園黃大仙祠側門，方便病患者進出。而此門亦作為整座建築的正式入口。飛簷下懸掛紅金色回紋框牌匾，以藍底金字書寫「嗇色園醫藥局」，並附有「庚申孟夏」（1980）及「董事會誌」等題款。入口處設有裝飾用的綠瓦飛簷，門框上方設金龍浮雕額枋，與同色系的垂柱相互呼應。而大門則採用玻璃感應趟門，書有「普濟勸善　贈醫施藥」等字，既便於出入，又融入現代化設計元素，實現了傳統與現代的結合。

2024 年，嗇色園中醫服務邁入百周年，為紀念這一重要里程碑，特於正門旁的檻牆上增設「贈醫百年　恩澤萬家」紀念碑。紀念碑下方則設有 1981 年醫藥局落成開幕的紀念碑，兩塊碑文相互輝映，彰顯醫藥局的悠久歷史與深遠意義。

醫藥局正門設於大仙祠側門，方便求診者問診取藥。

內部佈置

1980 年代建設普濟樓時，二樓為中醫診所，一樓則提供西醫服務。然而，隨着西醫服務需求持續增長，普濟樓內的西醫診所空間不敷使用。為此，西醫診所遷至鳳德道社會服務大樓地面，而普濟樓一樓則改為中醫診所，二樓重新規劃為辦公室。

一樓中醫診所候診室內懸掛着一面極具歷史價值的牌匾，上書「善與人同」。此牌匾乃 1924 年九龍醫藥局「赤松仙館贈醫施藥所」開幕時，由西樵普慶壇所贈，見證了嗇色園百年贈醫施藥的歷史。值得一提，嗇色園黃大仙祠的壇名為「普宜」，道脈淵源可追溯至西樵「普慶壇」。故此，這塊牌匾充分展現了嗇色園的道脈傳承。

二樓為辦公室，內設會計部和學務統籌處，分別負責嗇色園的財政管理及轄屬學校的校政與發展事宜。此外，二樓亦設「阮躍池公德像」紀念碑，以紀念嗇色園先道阮躍池道長。阮躍池在嗇色園草創初期，曾多次慷慨解囊，興建和修復殿堂。至 1980 年代嗇色園籌建普濟樓期間，其子阮達祖太平紳士秉承父志，捐贈一百萬元，設立「嗇色園醫藥基金」。因此，這面紀念碑乃由嗇色園董事會設立，以表彰阮家對嗇色園的卓越貢獻與無私善行。

中藥局內部佈置。

建築檔案

1924 於九龍西貢道創設「贈醫施藥所」，以惠及更多有需要的市民，廣施善德。

1933 黃大仙師批示《壇規十七條》，提到：「醫藥所為仙師最注重之所。除各職員時時巡察外，其餘各同人仍須常到巡察一切，以其辦理完善。」此外，當中又提到施藥之款項：「醫藥所費用，亦要盡力捐簽，以其集腋成裘，勸辦善舉。」

1936 贈醫施藥所由西貢道遷到長安街。

1938 贈醫施藥所遷往長安街十四號地下。同年，因日軍南侵，內地難民蜂湧來港，導致九龍城一帶衞生惡劣，更出現瘟疫，死人無數。

施藥所因位處疫區，除如常贈醫施藥外，亦將嗇色園之「勝靈丹」及「蓮花丹」等藥，免費派送，獲救者無數。

1941 日軍進軍九龍城，長安街施藥所被逼關閉，施藥業務暫告停頓。

1942 先道們私人解囊，向黃大仙祠鄰近居民贈施黃大仙藥籤仙方藥劑，着求方者到九龍城仁生堂或澤民藥局，憑方免費領藥一劑。

1943 眼見黃大仙祠鄰近居民健康堪憂，先道們決定在黃大仙祠內復開藥局，以救助居民。

1955 擴充贈醫施藥局空間。

1965 在黃大仙師寶誕晚宴上，嗇色園時任總理方蔭庭道長於致詞中提到，隨着社會對西醫服務的需求日益增加，計劃日後開辦西醫服務。

1972 董事會記錄了乩壇叩問遷移藥局至「普濟樓」現址一事，黃大仙師批覆：「利措施，利藥局，利地運，利良醫。」同年，董事會將「醫藥局」的籌建納入「全園大規模重建」第三期工程。

1973 在新醫藥局尚未建成之前，贈醫施藥服務暫時遷入「三聖堂」，下層用作醫生診室，上層則作為藥材儲存空間。同年，董事會決議將新醫藥局建設為兩層建築。

1977 新醫藥局設計為兩層建築，分別用於中西醫贈診，其招標工程於同年順利完成。

1978 6 月 23 日，嗇色園舉行醫藥局擴建奠基典禮，請得民政署署長徐淦先生主持。

1980 5 月，新醫藥局取得正式入伙紙。

嗇色園登報聘請註冊西醫，於佛教醫院接見二十一名申請人，最終聘用盧景德及梁子正醫生，並於同年 10 月 23 日正式開診。兩位醫生現已退休，仍以義務醫生身份在嗇色園服務。

1981 4 月 23 日，嗇色園舉行「創立六十週年鑽禧紀慶及醫藥局擴建落成開幕典禮」，由民政署署長班禮士議員主禮。為慶祝新醫藥局落成，阮達祖太平紳士秉承父志，慷慨捐贈港幣一百萬元成立「嗇色園醫藥基金」。

1984 醫藥局屋脊多塊瓦片鬆脱跌落，構成安全隱患，故立即進行緊急處理，以確保安全。

1987 嗇色園向地政署申請撥地，展開黃大仙鳳德道社會服務大樓的籌備工作，並計劃將西醫診所遷至新大樓，以提升服務使用者的人數及改善就診體驗。

1999 社會服務大樓裝修工程順利竣工，西醫診所正式遷入大樓。而黃大仙祠的中藥局則由二樓遷往一樓，以便病患進出。8 月 3 日，中藥局新址舉行啟用典禮，主禮嘉賓為黃大仙臨時區議會主席陳錦文太平紳士，BBS。

2000 醫藥局正式定名為「普濟樓」。

2009 普濟樓外牆加裝嗇色園園徽及名稱，提高其辨識度。

2019 董事會撥款進行中藥局內部裝修，以提升服務設施及改善中藥局的服務質素。

2020 中藥局內部裝修工程完成招標程序，施工期為三個月，並於同年 7 月上旬順利竣工。

1

從心苑

建築年份：1991 年
面積：逾 5500 平方米

6

從心苑建於嗇色園七十周年紀慶，
取意《論語》:「七十而從心所欲。」
祈願遊園香客皆能隨心如願，
體現自由自在的境界。

從心苑正門位於麟閣與鳳鳴樓之間，採用綠瓦洞門設計，門上懸掛扇形石匾，以金漆書以「從心苑」三字，為陳荊鴻教授題字。洞門兩旁對聯則由中國佛教協會會長趙樸初居士所撰書，曰「七十從心不踰矩任魚躍鳶飛治人事天莫如嗇貴；一生行善之謂道喜慈舟慧海親仁勸孝咸知色難」。對聯外側，各有一道八角形漏窗，飾以鳳凰裝點，增添吉祥寓意。

從心苑佔地廣闊，原計劃仿效北京頤和園設計，惟因地形限制，故改為高低錯落的九曲佈局，由東至西連接九龍壁。苑內設計有人工湖、瀑布、小橋流水等景觀，並以曲廊、爬山廊、疊落廊等多種傳統長廊連通苑內景點。苑中還建有各式亭台，包括方亭、圓亭、六角亭、扇亭等，更有雙層水榭，供香客休憩談笑，遠離喧囂。

進入從心苑，首先映入眼簾的是蘭溪市人民政府惠贈的「白玉雕製仙鄉吉羊群」雕塑，象徵黃大仙師叱石成羊的威靈故事。「吉羊群」下方設「二仙井」，為黃大仙故居井圈的複製品，亦由蘭溪市人民政府贈送，以祝賀嗇色園 2021 年百周年慶典。蘭溪作為黃大仙師的出生地，這兩次珍貴的惠贈，象徵了香港與蘭溪在黃大仙信仰上的深厚連結。

左　從心苑籌建歷時三年，展現中國傳統庭園設計的特色。

右　從心苑正門採用綠瓦洞門設計，門上懸掛扇形石匾，以金漆書以「從心苑」三字。

位於從心苑入口的「白玉雕製仙鄉吉羊群」雕塑。

此外，從心苑內更藏有不少紀念碑，包括「從心苑長廊花園落成紀念碑」、「香港回歸祖國紀念碑」、「嗇色園成立七十周年紀慶舉行園遊晚會紀念碑」、「嗇色園九十周年誌慶碑」、「嗇色園九十五周年植樹紀念碑」及「嗇色園九十五周年紀慶碑」等。

至 2024 年，嗇色園於從心苑蓮池增設觀音聖像。雖黃大仙祠內三聖堂亦供奉觀音菩薩，但因三聖堂日常不對外開放，故嗇色園特別於蓮池設置觀音像，讓善信得以親近菩薩。觀音聖像身披白衣，頭頂髮冠有阿彌陀佛，立於青蓮之上，象徵清淨無染；其右手執楊枝，左手持淨瓶，寓意普施甘露，廣度眾生。期望善信遊人能沐浴在菩薩的甘露之中，實現從心所欲的美好願望。

嗇色園於 2024 年在從心苑蓮池增設觀音聖像。

「二仙井井圈銘」紀念了蘭溪人民政府於 2021 年把黃大仙故居井圈的複製品惠贈予嗇色園。

建築檔案

1982 政府撥地約 1580 平方米供嗇色園興建長廊花園。然而，土地面積有限，未能充分展現中式傳統園林藝術，故嗇色園再次向地政署申請增撥地段。

1985 政府額外撥地約 4000 平方米予嗇色園，用於興建長廊花園。

1986 嗇色園籌建「長廊花園」，特別撥出工程預算金額，並委聘則師負責設計與建造。

1987 黃大仙師寶誕晚宴上，嗇色園時任主席黃允畋道長於宴會致詞時宣佈，嗇色園已獲政府撥地興建中式長廊花園，以推廣中國傳統園林藝術。

1988 長廊花園工程經已完成招標，嗇色園期望花園建成後能成為香港及區內人士的理想休憩地點，同時吸引更多遊客。

1990 黃大仙師寶誕晚宴上，嗇色園時任主席黃允畋道長宣佈，翌年（1991）為嗇色園成立 70 周年，屆時中式長廊花園將正式開幕，為黃大仙祠增添勝景。

1991 12 月 10 日，長廊花園正式落成，命名為「從心苑」，並蒙政務司孫明揚太平紳士主持開幕典禮。該苑於春節前正式開放予公眾參觀，為市民提供一個融合中式建築與園林藝術的休憩場所。

2007 孔教學院贈送一尊三米高的孔子像，嗇色園安排擺放於從心苑內。

2008 從心苑進行了石欄杆及地磚的修補工程，以確保苑區設施的安全性和整體美觀。

2009 維修從心苑觀景台及正門鐵閘。

2010 從心苑新增石刻龍龜擺設一雙，放置於水池中央，讓池內烏龜可攀爬至龍龜上休憩。

2020 為迎接嗇色園 100 周年，從心苑展開翻新工程，同時栽種四季時花，進一步美化景區。

2024 1 月 27 日，嗇色園黃大仙祠舉行「從心苑觀音聖像揭幕及開光儀式」，觀音聖像坐落於從心苑蓮池中，神態慈祥，儀容端莊，使善信及遊人能近距離瞻仰觀音菩薩的慈容。

從心苑內的孔子像。

1

靈官殿

建築年份：2010 年
面積：16.4 平方米

7

靈官殿面積不大，

但設計上仍採用了傳統宮殿式佈局，

屋頂設計為廡殿頂，

鋪以琉璃黃瓦，

正脊兩端有螭吻，

垂脊則設三尊蹲獸。

靈官殿殿貌。

靈官殿內的蟠龍藻井。

靈官殿由嗇色園先道黃廣道長捐資建成，殿前設有彩繪龍柱，氣勢恢宏，雕工精細，色彩鮮明。龍柱上的神龍盤旋而上，龍目炯炯有神，俯視着前來參拜的善信，威嚴震懾，讓人心生敬畏。兩側安裝了強化玻璃，不僅提升了空間的透光度，更增添了現代感與通透感。

殿內供奉的王靈官聖像則由嗇色園黃大仙祠監院李耀輝（義覺）道長捐奉，為銅製聖像，高達 2.6 米。神像額上有火眼金睛，象徵辨識真偽。右手持金鞭，左手掐靈官訣，身披金甲，腳踏鰲魚，神態威武莊嚴，護鎮山門。

神像背後裝設着國學大師饒宗頤教授親筆書寫的「道」字，展現深厚的文化底蘊。神像頂部則設有蟠龍藻井，雕飾精美，整體佈局既莊嚴肅穆，又精緻典雅。

殿堂檔案

2010 嗇色園拆卸普濟勸善亭，改建為「靈官殿」，以奉請靈官鎮守山門，從而使黃大仙祠的整體格局更契合傳統宮觀的規格與風範。

11 月 15 日，靈官殿正式舉行動土儀式。

2011 農曆正月五日，靈官殿落成啟用，由時任東華三院主席梁定宇先生及嗇色園黃大仙祠監院李耀輝（義覺）道長主禮。

1

太歲元辰殿

建築年份：2011 年
面積：475 平方米

8

太歲元辰殿為一座地下宮殿，
位於第一參神平台下方，
整體設計融合了道教文化、
傳統殿宇風格和現代科技元素。

太歲元辰殿殿貌。

殿堂中央設「星象天幕」，由嗇色園主辦「可觀自然教育中心暨天文館」協助製作，以 LED 環保燈串連成星象，呈現香港「春」、「秋」星空，糅合中國傳統天文學、現代天文學與道教星斗文化。

天幕四周環繞着八位敦煌飛天，各持不同樂器，姿態優雅，仿若起舞。天花四方則鑲嵌四靈圖案：左青龍（東方）、右白虎（西方）、前朱雀（南方）、後玄武（北方），而四條承力柱亦被設計為「廿八星宿鴻柱」，展現所屬四靈的七宿星象與星官形態，細緻描繪了傳統星斗文化。

與星象天幕相對的是地上太極圖和先天八卦圖，顯示出乾南坤北的方向。星象天幕呈圓形，地面八卦呈方形，契合了古代「天圓地方」的世界觀。

太歲元辰殿主祀「斗姥元君」，又稱「眾星之母」，其法相莊嚴威儀，為三目、四首、八臂之形。雙手各持日月二輪，並掐手訣法印。其餘四臂分別執持寶印、鈴、弓與箭四大法器。寶駕則由七隻小豬牽引，寓意「北斗七星君」。

天幕四周環繞着八位敦煌飛天，各持不同樂器，姿態優雅。

太歲元辰殿前廳。

斗姥元君左右兩側環繞着「六十太歲」，所有太歲神像皆以傳統「脱胎法」製成，工藝精湛。每尊太歲神像更是形態各異，或行或坐，姿態自然生動，且手執不同法器，神態威嚴，栩栩如生。而太歲神像前則擺放着木雕「龍牌」，有太陽、蝙蝠、梅花鹿和白鶴等吉祥圖案，象徵福祿壽喜與祥瑞之意；底部雕有魚與水紋，整體構成天、地、水（空、陸、海）的自然景象，融匯了傳統文化的吉祥意涵與自然和諧的世界觀。

殿堂前方精心設置的「五行運轉道祖護香江」動態裝置，展現了「太上降祥增福壽，五行運轉護香江」的深刻寓意。基座以香港市花「紫荊花」為靈感，五片花瓣上分別駐立着道長，他們身穿「白、綠、黑、紅、黃」五色法袍，以對應象徵五行中的「金、木、水、火、土」。基座內部更加裝馬達，使五片花瓣以順時針方向緩緩運轉，寓意五行之力生生不滅。而五位道長均面向中央，以虔誠之姿向正中佇立的「太上道祖金身法像」抱拳作揖，祈求道祖庇佑香港，護佑香江五行運轉順暢，繁榮昌盛。

殿內兩側木門的浮雕畫分別展現「北斗七星君」和「南斗六星君」的形象，栩栩如生。後方則懸掛着「六十元辰寶石畫」，寶石閃閃生輝，象徵星君護佑。

而殿堂前廳天花板則飾以琉璃牡丹燈，燈光溫潤如玉，映照着地面由善信點燃的牡丹供燈，呈現一片祥和光輝。地面設計更是巧妙，嵌有十二生肖的石浮雕，與牡丹燈光交相輝映，祈願眾燈主平安順遂，元辰星君庇佑，福壽綿綿。

六十太歲。

上　六十元辰寶石畫。

下　眾星之母——斗姥元君。

殿堂檔案

2005 11 月，嗇色園決定興建「太歲元辰殿」，並積極研究可行方案。

2008 4 月 6 日，嗇色園舉行「黃大仙師聖駕移鑾安位科儀」，恭請黃大仙師移鑾到鳳鳴樓臨時大殿內，為歷時兩年的嗇色園黃大仙祠大殿擴建及太歲元辰殿建造工程揭開序幕。

2009 以融合現代元素與傳統道教特色為太歲元辰殿主要設計方向。同年，獲國學大師饒宗頤教授惠賜題字，作為「太歲元辰殿」正門牌匾。

2010 太歲元辰殿室內裝修工程完成招標，並於 4 月 26 日正式動土。同年成立「太歲元辰殿管理小組」，專責規劃殿堂的未來營運與管理工作。

2011 1 月 9 日，太歲元辰殿正式揭幕，並於 1 月 12 日開放予公眾參拜。

2016 在星像天幕的四周增設「三台九皇星燈」，供善信請領祈福。

2017 增設「牡丹供燈」，供善信請領點燈。牡丹象徵富貴吉祥，供燈寓意祈求光明與福祉，為善信帶來平安幸福的祝福。

2021 為迎接嗇色園 100 周年的慶典，「太歲元辰殿」進行重新粉飾。殿內牆身繪上《八十七神仙卷——朝聖之旅》，展現出神仙雲遊朝聖的壯麗場景。而天花則繪製成蔚藍天空，營造出開闊感覺。

「五行運轉護香江」裝置，寓意道祖庇佑香港繁榮昌盛。

月老殿

奉祀年份：2011 年
建殿年份：2025 年
面積：待定

9

「月老及佳偶天成神像」於 2011 年設立，
除祝願天下有情人終成眷屬外，亦庇佑人緣與善緣。
月老銅像右手握《姻緣簿》，左手牽紅線，
紅線一端牽引左方的金童銅像，
另一端牽引右方的玉女銅像。

月老銅像右手握《姻緣簿》，左手牽紅線，紅線一端牽引金童銅像，另一端牽引玉女銅像。

金童身穿長馬褂，儀表端莊。底座刻上「荷花鴛鴦」圖，上書「只羨鴛鴦不羨仙」；而玉女頭戴鳳冠，冠上珠簾遮掩芳容，隱約可見低頭微笑，面露含羞。底座刻上「五福歸堂」圖，上書「和氣乃眾合，合則萬事和」。而五福歸堂是指「長壽、富貴、安康、德名、善終」，又指五福臨門。

為令男女善信皆覓得良緣，嗇色園設計獨有的禮拜月老程序，讓善信在月下老人的見證下，親手繫上紅線。

參拜方式（嗇色園於月老殿前有相關教學的指南）：

（1）男女善信閉上雙眼，誠心默稟；

（2）手執紅線，同時掐手印；

（3）雙手抬高至掩蓋雙眼；

（4）直線行至祈求之愛侶性別的銅像前；

(5) 將小紅線輕輕觸碰男 / 女銅像腳部，寓意繫上紅線；

(6) 再繫於銅像與月老像之間的紅繩上；

(7) 最後向月老誠心默禀祈求。

「月老殿」於 2025 年正式籌備興建，建築設計以融合傳統與現代建築美學為核心理念。本書出版時，月老殿仍在建設當中，讀者可於日後親臨黃大仙祠，欣賞新建月老殿殿貌。

奉祀檔案

2010 嗇色園奉祀「月老及佳偶天成」神像，神像的設計概念由嗇色園黃大仙祠監院李耀輝（義覺）道長親自構思，並由專業雕刻藝術家負責繪製與改良，力求每一處細節皆能展現出月老的祥和慈愛以及「佳偶天成」的美好寓意。

2011 「月老及佳偶天成」神像擺放於財神宮現址。然而，當時的平台高度尚未升高至與第一參神平台銜接，因此月老平台的高度位於第一參神平台與玉液池平台之間。

9 月 17 日，「月老及佳偶天成」神像正式開放予善信參拜。

2018 嗇色園決定於月老平台底部籌建黃大仙信俗文化館，為增加文化館的樓底高度，月老平台的高度提升至與第一參神平台相銜接。同年，完成招標工作。

2019 2 月起，大型工程正式展開，由於工程範圍位於黃大仙祠核心地帶，故將祠內區域劃分為東、西兩邊，兩邊互不相通，導致參神路線需要隨之調整。

此外，為配合工程，「月老及佳偶天成」神像自此遷奉至鳳鳴樓廣場，供善信繼續參拜。

2025 嗇色園正式籌建「月老殿」，為配合建殿工程，自 3 月 17 日起暫停殿堂開放，並預計於同年 10 月完成建造工程。

第一參神平台：三殿堂
福德殿

建築年份：2011 年
面積：14 平方米

福德殿位於第一參神平台迴廊下，
奉祀「土地公公」與「土地婆婆」。
其神龕為木製，飾以金色浮雕，
頂部更裝飾龍鳳瑞獸的雕塑，有吉祥寓意。
正面則有對聯「里社平安攸賴護持之力；
方隅吉慶叨承申奏之功」。

福德殿奉祀「土地公公」
與「土地婆婆」。

神壇前安奉「福、祿、壽」三星。

神龕前方設有金龍浮雕木色供枱，並擺放金色五供，整體莊重典雅。神壇前更安奉「福、祿、壽」三星：「福者，百順之名也」，代表諸事如意；祿星主管「功名」與「門丁興旺」；壽星則象徵「健康」與「長壽」。這些傳統吉祥符號承載着人民對幸福美滿生活的美好願望。

殿堂天花採用平棋式設計，飾以金色蝠紋及「壽」字紋，寓意福壽雙全；左右壁身覆以木製花木浮雕，精美細緻、古樸典雅。而神壇右側設有六角形櫺格窗，既提升採光效果，又增添設計美感。

殿堂檔案

1925 薔色園於「金華分蹟牌樓」旁建「土地廟」，此乃先道唐麗泉（速覺）之女唐棣卿女士獨資建造。殿前掛有對聯「合道無分畛域；善心乃與人同」。

1973 大殿及第一參神平台重建時，土地廟也隨之重建，並更名為「福德祠」，供奉福德正神。殿堂外觀設計採用傳統中式廟宇風格，以紅磚綠瓦為主調。

1977 善信常將銀幣投向福德祠供桌，故殿前增設「香油箱」。

2008 啟動大殿及第一參神平台擴建工程，計劃將福德祠拆卸重建，同時加建財神殿和藥王殿。相關工程於同年安排招標。

2011 福德殿落成開幕。

第一參神平台：三殿堂
藥王殿

建築年份：2011 年
面積：14 平方米

1

藥王殿位於第一參神平台迴廊下，供奉唐朝著名道醫孫思邈。
孫思邈以重視「醫德」著稱，
曾強調：「人命至重，有貴千金，一方濟之，德逾於此。」
他在《千金要方》中撰寫了「大醫精誠」，
闡述大醫應具備的崇高醫德，
成為後世醫者的典範。

藥王殿供奉唐朝著名道醫孫思邈。

藥王殿供奉的孫思邈造像，身穿文官袍服，端坐於臥虎背上，左手捧龍，右手持針，寓意「坐虎針龍」的典故。其神龕為木製，飾以金色浮雕，頂部裝飾龍鳳瑞獸雕塑，寓意吉祥如意。正面有對聯「醫繼軒皇演僊丹濟世；道遵炎帝行聖方惠民」，彰顯其濟世救人的醫道精神。神龕前設有木色供枱，飾以金龍浮雕，供枱上除擺放有金色五供外，更有葫蘆及靈芝。其中，葫蘆象徵孫思邈「懸壺濟世」的醫德；靈芝則寓意藥王以仙藥救人，使求治者藥到病除。

殿內天花採用平棋設計，飾以仙鶴浮雕，象徵長壽與吉祥；地面瓷磚繪上壽桃，寓意健康與長壽。左右壁身則覆以木製花木浮雕，雕工精美，整體風格古樸典雅。

藥王孫思邈聖像。

殿堂檔案

2008 啟動大殿及第一參神平台擴建工程，計劃加建藥王殿。相關工程於同年安排招標。

2011 藥王殿落成開幕。

第一參神平台：三殿堂
碧霞殿

建築年份：2022 年
面積：14 平方米

2

「天仙聖母碧霞元君」，

又稱「泰山娘娘」，

是中國華北地區廣為人知的道教女神。

碧霞殿奉祀「天仙聖母碧霞元君」。

據道經記載，碧霞元君原已證得「太一青玄」之位，後化身降臨東嶽泰山修行，廣施教化、普度眾生，掌管人間善惡的照察與庇佑。元君在生育及孩童庇佑方面靈驗卓著，未孕者祈求可得子，孕婦祈求可順利分娩，父母則可祈願子女健康平安。

碧霞殿內的元君造像乃由何胡慧中女士（何志平夫人）捐奉，是依據明朝畫像所製，其形象雍容慈祥，身穿雲肩羽衣、錦繡霞裙，足蹬雲珠履，頭戴百寶翠冠，手持象徵權威與神聖的玉圭，儀態莊嚴慈悲。元君神龕為木製，通體飾以金色浮雕，頂部裝飾龍鳳瑞獸雕塑，有吉祥如意之意。神龕正面有對聯「碧現泰山垂慈相；霞封嶽府護民安」，說明碧霞元君仁慈，福佑眾生。而神龕前方設有金龍浮雕木色供枱，供枱上陳設瓷製牡丹紋飾五供，富貴祥和。

殿堂天花採用平棋式設計，裝飾以麒麟，有「麒麟送子」之說；地面瓷磚則繪有《五嶽真形圖》中東嶽泰山圖紋，象徵碧霞元君立於泰山之上，呼應其「泰山女神」的神聖身份。

碧霞元君聖像。

殿堂檔案

2008 碧霞殿原址為「財神殿」，乃大殿及第一參神平台擴建工程中加建的小殿堂。

2011 財神殿、藥王殿、福德殿三個殿堂落成開幕，供香客善信參拜。

2019 建設財神宮，「黑虎玄壇趙公明元帥」遷奉至新宮，財神殿原址將奉祀其他道教神明。

2020 嗇色園黃大仙祠監院李耀輝（義覺）道長得仙聖靈感妙應，將「（原）財神殿」定為「碧霞殿」，奉祀泰山娘娘。

2022 5 月 18 日（農曆四月十八日），正值「碧霞元君寶誕」，碧霞殿正式開幕。

2

財神宮

建築年份：2021 年
面積：57.6 平方米

3

2019 年，新冠疫情肆虐全球，
對世界各地造成嚴重衝擊，
環球金融備受重挫，
香港經濟亦遭受重創。
故嗇色園建造財神宮，祈求神明護佑香港。

財通萬戶皆施與

財神宮以「玻璃殿堂」為設計理念。

在 2019 年疫情肆虐時期，嗇色園特別加建「財神宮」，將道教武財神趙公明元帥由第一參神平台的「財神殿」遷奉至新建財神宮，祈求趙公明元帥護佑香港，除瘟袪瘧，使疫情消退，庇佑港人福到財到。

財神宮屋頂設計為「歇山式」，覆蓋琉璃黃瓦，正脊兩端飾以螭吻，戧脊設四尊蹲獸。藍綠色的飛簷與椽，配以同色系的金龍浮雕額枋，和諧精緻；再加上木底金浮雕的掛落裝飾，搭配雕花銅柱，華麗典雅。正前方兩側更裝有盤龍銅柱，氣勢恢宏；而財神宮的牌匾則採用金框紅底金字的設計，與整體建築的色調相得益彰，渾然一體。此牌匾乃庚子年（2020）由中國道教協會會長李光富道長親筆題寫，極具文化與藝術價值。宮殿前有對聯一副「財通萬戶皆施與；神聖千秋盡所求」，顯示財神庇佑信眾，心有所求必然應驗。

整座殿堂以「玻璃殿堂」為設計理念，牆身採用玻璃材質，使殿堂通透明亮，不但增強採光效果，配合環保廟宇的理念，同時亦有「財通四方、財源廣進」的吉祥之意。玻璃上更精雕細琢，刻有「太極魚」、「鳳凰」、「鹿」等傳統圖案，融入道教文化與吉祥象徵。此外，左右兩側的門上以彩繪玻璃砌成「門神」寶相，乃大唐開國名將秦叔寶與尉遲敬德，其精美工藝極具藝術價值，為整座殿堂增添莊嚴與雅致。

殿前平台四周設有石欄，柱頭上飾以形態各異、栩栩如生的駿馬塑像，有「馬到功成」、「百福具臻」、「鴻圖大展」及「志在千里」等等吉祥寓意。

至 2022 年，財神宮平台更增設「升旗台」，成為香港首間設有升旗台並舉行升旗儀式的宗教場所，極具意義。

內部佈置

財神宮主奉道教武財神「黑虎玄壇趙公明元帥」，其形象為黑面濃鬚，手執金鐧，以黑虎為坐騎，威武不凡。趙公明元帥不僅掌管財富，還具驅瘟祛瘧的職能。此外，宮內亦奉祀「招寶天尊：蕭昇」、「納珍天尊：曹寶」、「招財使者：陳九公」及「利市仙官：姚少司」，他們分別面朝東、西、南、北四方，與趙公明元帥合稱為「五路財神」，象徵廣納五方之財。

財神宮內部佈置。

五鬼運財半寶石畫，置放於財神宮旁的迴廊。

財神宮平台的石欄柱頭上飾以形態各異的駿馬塑像。

而嗇色園財神宮所奉祀的五路財神均為銅製聖像，善信在禮拜財神時，可為五路財神貼上金箔，塑造金身，增添莊嚴與神聖感。值得一提的是，這些金箔均以足金製成，品質優良，相關的證明文件亦公開展示於殿前，供善信查證。

而殿堂天花採用「平棊」樣式設計，以木條分割為若干方格，每個方格內均飾以金浮雕鶴紋，搭配以傳統通花柿蒂紋，精緻典雅。趙公明元帥神像上方更設藻井，由斗拱砌成，中央鑲嵌浮雕蟠龍，氣勢恢宏，充分凸顯趙公明元帥的尊貴地位。

殿堂檔案

2008 嗇色園決定於第一參神平台建造「財神殿」，並於同年安排招標工作。

2019 嗇色園決定於（原）月老平台新建「財神宮」，並將「黑虎玄壇趙公明元帥」從第一參神平台的財神殿遷奉至新宮。

2020 5 月 12 日，嗇色園黃大仙祠監院李耀輝（義覺）道長主持財神宮奠基及寶箱埋藏儀式。儀式期間，在殿堂地基內埋下各國貨幣及《河圖洛書》，寓意「福到財到」。

同年，嗇色園決定在財神宮增奉「招寶天尊：蕭昇」、「納珍天尊：曹寶」、「招財使者：陳九公」及「利市仙官：姚少司」，與趙公明元帥組合為「五路財神」。

2021 4 月 26 日，財神宮正式落成開幕。

2

黃大仙信俗文化館

建築年份：2021 年
面積：258.57 平方米

4

黃大仙信俗文化館以「融和現代科技，弘揚傳統文化」為設計理念，
將「傳統」、「科技」及「藝術」巧妙結合，
透過多媒體裝置展現文化內涵，
寓教於樂，雅俗共賞。

文化館位於財神宮下方，正門設 LED 祈福牆，作為參觀者首個信俗體驗。

文化館正門設 LED 祈福牆，以嗇色園「大殿勝燈」及「元辰殿三台九皇燈」為設計藍本，呈現出不同款式的宮燈。參觀者可使用手機錄入姓名並選取祈福願望，祈福宮燈便會投影於牆上。宮燈緩緩飄向天際，象徵將參觀者的願望送呈仙聖。

LED 祈福牆的中央設有金屬感應趟門，為文化館入口，又稱為「善門」。善門以深淺不一的銅色金屬片拼組而成，搭配玻璃材質，呈現出現代簡約風格。金屬片上以同色系金屬刻畫出不同書法體和大小不一的「善」字，象徵「善」有多種形式，行善無分大小，提醒世人「勿以善小而不為」。

正門中央更刻有道教傳統紋飾——暗八仙，此設計與大殿的「道、經、師」圓區設計相呼應。而暗八仙的中央則以雷射雕刻呈現「普濟勸善」字眼，與善門的意涵統一，反映黃大仙信俗中的善文化。

善門上方懸掛着「黃大仙信俗文化館」的牌匾，其設計巧妙融合了現代風格與中國傳統美學，邊框飾有中式花紋，包括暗八仙、祥雲、蝠紋等。而牌匾材質卻採用現代感十足的不鏽鋼，搭配 LED 發光字體，柔和的燈光映襯着中式書法，別具韻味。

牌匾乃由香港中文大學第五任校長（2002–2004）金耀基教授親筆題寫。金教授書法造詣深厚，風格別具一格，筆觸剛柔並濟，線條流暢優雅，被譽為「金體書」。

內部佈置

黃大仙信俗文化館是全港首間由保護單位創建的非物質文化遺產項目主題展覽館。館內承力柱貼牆建造，因此整個空間更為開闊，讓展覽內容的呈現更加自由且多樣化。文化館的展區被劃分為八個主題區域，包括：

1. 仙祠遊歷：以黃大仙祠微縮模型，結合電子裝置的方式，讓參觀者可深入了解各殿堂的歷史以及古今面貌的轉變；

2. 百年光影：以互動投影形式，展示黃大仙祠百年歷史；

3. 歷史掠影：由二十多部電視組成十米觸控屏幕，參觀者可通過點擊屏幕，瀏覽嗇色園的珍貴圖片、文獻及其他歷史檔案，將古今歷史一覽無遺；

4. 尋玄問道：介紹道教法器及黃大仙靈籤文化，並以微縮模型生動展現頭炷香的盛況；

5. 道服玄風：展示黃大仙科儀法袍及其文化意涵；

6. 楹聯雅賞：欣賞黃大仙祠內的楹聯書法藝術；

7. 光影流金：短片《仙緣香江》生動講述了黃大仙信仰南來香港的歷程，從最初的傳入到逐步扎根本地，再介紹香港居民因而形成的信俗行為，展現黃大仙信仰在香港的獨特地位；

8. 驚迷夢覺：大殿於 2010 年被評為香港一級歷史建築，並不開放予公眾參觀。故此區特意展示「黃大仙師寶懺壇場」的微縮模型，向公眾展示殿內裝潢與道教壇場的佈置面貌。四周又有「文物修復展櫃」，講解嗇色園的文物修復過程與技術。

文化館館內全貌。

「仙祠遊歷」區域中的黃大仙祠微縮模型。

建築檔案

2019 2 月，啟動大型工程，將（原）月老平台升高，同時挖空平台底部，作為「黃大仙信俗文化館」的館址。

8 月，嗇色園成立專責小組，負責黃大仙信俗文化館的設計與建造，以打造一所兼具文化內涵與互動科技的展覽館。

2021 11 月 11 日，嗇色園舉辦「黃大仙信俗文化館：開館典禮」。

2023 6 月 30 日，黃大仙信俗文化館舉行「全面開放 · 啟動典禮」，特別邀請非物質文化遺產辦事處時任總監何惠儀女士及旅遊業監管局主席馬豪輝先生擔任主禮。翌日，文化館正式全面開放。

2 黃大仙祠增設道教工藝品：黃大仙成道圖

面積：（高）4.27 米 x（長）23.4 米

「黃大仙成道圖」銅雕壁畫參考大殿仙師寶座背面的「黃大仙成道圖」設計。

由於大殿自 2010 年起被列為一級歷史建築，並不對外開放參觀，但黃大仙師寶座背面的成道圖具有極高的藝術價值與文化意義，因此嗇色園決定以此為藍本，設計並製作銅雕壁畫，供公眾欣賞。

「黃大仙成道圖」銅雕壁畫位於盂香亭旁，其設計參考了大殿仙師寶座背面的「黃大仙成道圖」。

壁畫以銅為主要材料，採用金箔浮雕工藝，生動呈現黃大仙師證道成仙的過程。壁畫上刻有黃大仙師降乩的自序，圖文相輔相成。此外，嗇色園黃大仙祠監院李耀輝（義覺）道長更親繪法符，刻畫於壁畫之上，祈願參神善信能感通仙聖，有求必應。

檔案

2011 嗇色園計劃於黃大仙祠內闢地安裝「黃大仙成道圖」半寶石壁畫，藉此宣揚黃大仙師成道的聖蹟，但計劃最終擱置。

2019 因應「（原）月老平台」升高工程，盂香亭旁的牆身增高，故嗇色園決定重啟「黃大仙成道圖」的製作計劃，初步定為陶瓷浮雕，同年決定改為銅雕壁畫，並交由佛山工廠製作。

2021 銅雕成道圖運抵香港，需委託本地工程公司進行安裝。中標承建商因錯誤估算「成道圖」重量，無法負擔額外吊運費用，最終選擇退出。為此，嗇色園重新進行招標，並於同年選定新的安裝承辦商完成相關工作。

2023 5 月 7 日，嗇色園黃大仙祠三個全新地標正式揭幕，包括：「黃大仙成道圖」銅雕壁畫、「大仙包容天下」金身雕像，以及「百周年紀慶」紀念石。揭幕儀式邀請到民政事務總署署長張趙凱渝女士擔任主禮嘉賓。

2

黃大仙祠增設道教工藝品：大仙包容天下像

| 體積：（高）3.55 米 x（寬）1.5 米

黃大仙祠自成立以來，一直供奉着 1915 年
由先道長梁仁菴自廣州普慶壇攜至香港的黃大仙師畫像。
為免驚擾仙聖，大殿一直不對外開放。
自 2010 年開始，大殿更被列為一級歷史建築，
信眾只能遙望殿內大仙法相。

為了讓信眾得以親近黃大仙師，同時彰顯道教包容、和諧、不爭的精神，嗇色園黃大仙祠監院李耀輝（義覺）道長特別設計了「大仙包容天下」金身雕像，豎立於從心苑門外，面向黃大仙祠山門，擁抱遠道而來的參神信眾與遊客。

這座雕像呈現了黃大仙師畫像中的大仙慈容，而且雕像微微傾身，雙手張開，仿佛在擁抱天下，傳遞對眾生的關懷與包容。雕像屹立於金座之上，金座上雕刻有「普濟勸善」、「包容天下．有感必孚」等字句，展現黃大仙師普濟眾生的精神。雕像底部則設有黑石彩雕須彌座，飾有「蝠紋」、「銅錢」、「游龍」、「祥雲」、「牡丹」等吉祥圖案。雕像背後則栽種了「赤松」，重現黃大仙師畫像中仙師身處松樹下的景象，平和而悠然。

如今，不少訪客都會在「大仙包容天下」雕像前打卡留念，甚至會隔空與黃大仙師擁抱，表達對大仙的親近之情。

「大仙包容天下」金身雕像豎立於從心苑門外，擁抱遠道參神信眾與遊客。

檔案

2020 嗇色園決定製作「大仙包容天下像」。

2021 進行須彌座製作的招標工作。

2023 5 月 7 日，嗇色園黃大仙祠三個全新地標正式揭幕，包括：「黃大仙成道圖」銅雕壁畫、「大仙包容天下」金身雕像，以及「百周年紀慶」紀念石。揭幕儀式邀請到民政事務總署署長張趙凱渝女士擔任主禮嘉賓。

2 黃大仙祠增設道教工藝品：嗇色園百周年紀慶紀念石

體積：（高）4.2 米 x（寬）3.5 米

7

「嗇色園百周年紀慶」紀念石豎立於從心苑入口，
與「大仙包容天下」雕像相鄰，
以此紀念嗇色園與香港同行百年的重大里程碑。

原石由聚龍雲石有限公司捐贈，紀念石上方刻「太極」、「玉書」及「卍」，摘取自嗇色園園徽元素，代表「道」、「儒」、「釋」三教同尊的精神。正中央位置得蒙中國道教協會會長李光富道長題寫「鑪峯百載，普濟萬民」八字，精煉總結了嗇色園的百年善業及普濟精神。石座下方還刻有 2021 年百周年紀慶時當屆董事會成員的名字，以銘記嗇色園在監院李耀輝（義覺）道長及時任主席馬澤華（華知）道長的領導下，邁入下個世紀。

紀念石坐落於黑色雲石須彌座之上，以金色雕刻刻畫了嗇色園園徽，以及花草紋。這座紀念石見證了嗇色園百年歷史的傳承與弘揚，乃重要的歷史與文化象徵。

檔案

2023　5 月 7 日，嗇色園黃大仙祠三個全新地標正式揭幕，包括：「大仙成道圖」銅雕壁畫、「大仙包容天下」金身雕像，以及「百周年紀慶」紀念石。揭幕儀式邀請到民政事務總署署長張趙凱渝女士擔任主禮嘉賓。

嗇色園百周年紀慶紀念石。

殿堂位置索引

14
12
03
01
22
21
20
04
23
09
太歲元辰殿
入口
05
25
地底
24
06
黃大仙信俗
文化館入口
07
18
地底
11

01 赤松黃仙祠（大殿） P.008
02 麟閣 P.016
03 五行建築：飛鸞臺（金形） P.022
04 五行建築：經堂（木形） P.028
05 五行建築：盂香亭（火形） P.034
06 五行建築：玉液池（水形） P.040
07 五行建築：照壁（土形） P.044
08 山門（第一洞天） P.048
09 金華分蹟牌樓 P.054
10 意密堂 P.060
11 赤松黃大仙祠牌樓 P.066
12 三聖堂 P.070
13 龍鳳之勢（鳳）：鳳鳴樓 P.076
14 龍鳳之勢（龍）：九龍壁 P.082
15 普濟樓（嗇色園醫藥局） P.088
16 從心苑 P.094
17 靈官殿 P.100
18 太歲元辰殿 P.104
19 月老殿 P.112
20 第一參神平台：三殿堂——福德殿 P.116
21 第一參神平台：三殿堂——藥王殿 P.120
22 第一參神平台：三殿堂——碧霞殿 P.124
23 財神宮 P.128
24 黃大仙信俗文化館 P.134
25 黃大仙祠增設道教工藝品：
黃大仙成道圖 P.140
26 黃大仙祠增設道教工藝品：
大仙包容天下像 P.142
27 黃大仙祠增設道教工藝品：
嗇色園百周年紀慶紀念石 P.144

嗇色園黃大仙祠

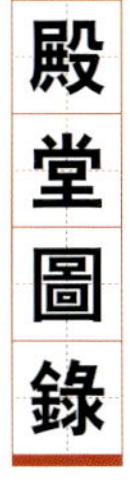

責任編輯
白靜薇　黃遠楷

插　畫
Carmen Ng

裝幀設計
Sands Design Workshop

排　版
Sands Design Workshop

印　務
劉漢舉

相　片
朱之鴻　嗇色園

顧　問
嗇色園黃大仙祠監院
李耀輝（義覺）道長
榮譽院士（EdUHK）, MH

嗇色園董事會主席
黎澤森（榮知）道長

編輯委員會
余大業道長　姚嘉棟道長　梁理中道長
溫佩文道長　陳拾壹道長　黎國俊道長
張永強道長　鍾英明道長　葉志乘道長
冼碧珊女士, JP　陳焜先生　吳漪鈴女士

秘　書
吳漪鈴女士

出　版
中華書局（香港）有限公司
香港北角英皇道 499 號北角工業大廈 1 樓 B 室
電話：(852) 2137 2338
傳真：(852) 2713 8202
電子郵件：info@chunghwabook.com.hk
網址：http://www.chunghwabook.com.hk

嗇色園
香港九龍黃大仙竹園村二號
電話：(852) 2327 8141
傳真：(852) 2351 5640
電郵：info@siksikyuen.org.hk
網址：https://www.siksikyuen.org.hk/

發　行
香港聯合書刊物流有限公司
香港新界荃灣德士古道 220-248 號
荃灣工業中心 16 樓
電話：（852）2150 2100
傳真：（852）2407 3062
電子郵件：info@suplogistics.com.hk

版　次
2025 年 7 月初版

規　格
16 開（175mm×245mm）

I S B N
978-988-8913-67-1